这里是辽宁

This is Liaoning

文体旅丛书

山海有情 天辽地宁

文博

林喦○著

春风文艺出版社
·沈阳·

图书在版编目（CIP）数据

文博/林嵒著. —沈阳：春风文艺出版社，
2025.2
（"山海有情 天辽地宁"文体旅丛书）
ISBN 978 - 7 - 5313 - 6705 - 5

Ⅰ.①文… Ⅱ.①林… Ⅲ.①博物馆 — 介绍 — 辽宁
Ⅳ.①G269.273.1

中国国家版本馆CIP数据核字（2024）第084197号

春风文艺出版社出版发行

沈阳市和平区十一纬路25号　邮编：110003
辽宁新华印务有限公司印刷

责任编辑：姚宏越　韩　喆　　　责任校对：张华伟
封面设计：黄　宇　　　　　　　幅面尺寸：138mm × 207mm
字　　数：156千字　　　　　　印　　张：6.25
版　　次：2025年2月第1版　　印　　次：2025年2月第1次
书　　号：ISBN 978-7-5313-6705-5
定　　价：60.00元

无尽的人地关系（代序）

近代地理学奠基人亚历山大·冯·洪堡认为，人是地球这个自然统一体的一部分。此观点随即让"人地关系"成为一个科学论题，也教给我们认识世界的方法。首先看地理，知吾所在；然后看人文，知吾是谁。

打开中国地图，或背负青天朝下看，东北有三省，辽宁距中原最近。南濒蔚蓝大海，北接东北平原，东有千山逶迤，西有医巫闾苍然，境内更兼辽、浑、太三河纵横。语曰：山川能说，可以为大夫。如此天辽地宁者，大夫不说，则愧对大自然所赐。

一方水土，藏一方文化。

看辽宁文化，需要回望1.2亿至2亿年前的辽西。深埋地下的热河生物群，几乎囊括了中生代向新生代过渡的所有生物门类。我们正是在那些化石上，看到了第一只鸟飞起的姿态，看到了第一朵花盛开的样子，看到了正在游动的狼鳍鱼瞬间定格之美。也正因为如此，辽西成为20世纪全球最重要的古生物发现地之一，被誉为世界级化石宝库。看辽宁文化，更要回望古代先民在辽宁现身时那一道道照亮天穹的光。28万年前的金牛山人，25万年前的庙后山人，7万年前的鸽子洞人，1.7万年前的古龙山人，7000年前的新乐人和小珠山人，绳绳不绝，你追我赶，从旧石器时代走到新石器时代。当然，他们都只是演出前的垫场，千呼万唤中，大幕拉开，真正的主角是红山人。在辽西牛河梁上，我们看见了5000年前的女神庙和积石冢，还有那座巨大的祭坛。众流之汇海，万壑之朝宗，职方所掌，朗若列眉，从那一天开始，潺潺千古的大辽河便以中华文明三源之一，镌刻于历史之碑。

一方水土，写一方历史。

其一，辽宁在中原与草原之间，写中国边疆史，辽宁占重要一席。东北土著有东胡、濊貊、肃慎三大族系。东胡族系以游牧为生，慕容鲜卑让朝阳成为三燕古都，契丹把长城修到辽东半岛蜂腰处，蒙古大将木华黎则让辽宁乃至整个辽东成为自己的封地。濊貊族系以农业为生，前有扶余，后有高句丽，从东周到隋唐，各领风骚700年，一座五女山城，更是让居后者高句丽在辽东刷足了存在感。肃慎族系以渔猎为生，从黑水到白山，从生女真到熟女真，渤海将辽东山地大部划入其境，女真通过海上之盟与宋联手灭辽，然后把辽宁当成入主中原的跳板，满族则以赫图阿拉、关外三陵和沈阳故宫，宣布辽宁为祖宗发祥之地。其二，汉以前，中原文化对东北有两次重量级输入，一次是箕子东迁，一次是燕国东扩。汉以后，灭卫氏朝鲜设四郡，灭高句丽设安东都护府，中原大军总是水路与陆路并进，辽宁始终站在一条历史的过道上，要么看楼船将军来征讨，要么看忽报呼韩来纳款，坐看夷地成中华，阅尽沉浮与兴衰。其三，近代史从海上开始，渤海海峡被英国人称为东方的直布罗陀，旅顺口则被英国人改叫亚瑟港，牛庄和大连湾更是先后变成英俄两国开埠的商港，震惊中外的甲午战争、日俄战争、九一八事变，让辽宁成为举世瞩目的焦点，于是，在辽宁就有了东北抗联，就有了《义勇军进行曲》，就有了辽沈战役，就有了抗美援朝保家卫国。历史一页页翻过，页页惊心动魄。

一方水土，生一方物产。

最天然者，一谓矿藏，二谓鱼盐。那些被电光石火熔化挤扁的物质沉睡地层亿万年，它们见过侏罗纪恐龙如何成为巨无霸，见过白垩纪小行星怎样撞击地球，也见过喜马拉雅运动和第四纪冰河。千淘万漉虽辛苦，吹尽狂沙始到金。于是，我们看到了，辽东有岫玉，辽西有玛瑙，抚顺有煤精，鞍山有铁石，盘锦虽是南大荒，地上有芦苇，

3

地下有油田。更何况，北纬39度是一个寒暑交错的纬度，也是一个富裕而神秘的黄金纬度，在这个纬度上有诸多世界名城，它们是北京、纽约、罗马、波尔多、马德里，当然还有大连和丹东；在这个纬度上，有美丽而神奇的自然风景，它们是塔克拉玛干沙漠、库布其沙漠、青海湖、日本海、里海、地中海、爱琴海，当然还有环绕辽东半岛的渤海和黄海。公元前300年的"辽东之煮"，曾助燕一举登上战国七雄榜，而距今3000年前的以盐渍鱼现场，在大连湾北岸的大嘴子。迄至近世，更有貔子窝和复州湾走上前台，令大连海盐成为国家地理标志性产品。而大连海参，就是冠绝大江南北的辽参；大连鲍鱼，就是摆在尼克松访华国宴上的那道硬菜；丹东大黄蚬、庄河杂色蛤，则是黄海岸亚洲最大蚬子库的一个缩影。此外，还有营口海蜇、营口对虾、盘锦河蟹。辽河与辽东湾，你中有我，我中有你，方有奥秘杰作。最生态者，一谓瓜果，二谓枣栗。大连苹果、大连樱桃、桓仁山参、东港草莓、丹东板栗、黑山花生、朝阳大枣和小米、绥中白梨和鞍山南果梨，还有铁岭榛子、北票荆条蜜、抚顺哈什蚂、清原马鹿茸……物之丰，产之饶，盖因幅员之广袤，蕴含之宏富，土地之吐哺，人民之勤勉。

一方水土，养一方风俗。

古人曰：千里不同风，百里不同俗。古人又曰：历世相沿谓之风，群居相染谓之俗。古代辽宁，在农耕文明与游牧文明交互地带；近现代辽宁，在东方文明与西方文明对接地带。于是，土著文化、移民文化、外来文化在大混血之后，走向了融合与多元。于是，这个文化以其边缘性、异质性、冒险性，既穿行于民间，也流布于市井。在时光中沉淀过后，变成了锅灶上的美食，变成了村头巷尾的戏台，变成了手艺人的绝活儿，变成了过年过节的礼仪和讲究。最有辨识度的辽宁美食，在沈阳有满汉全席、老边饺子、马家烧麦、苏家屯大冷面；在大连有海味全家福、海菜包子、炸虾片、炒焖子；在鞍山有海城馅饼、台安炖大鹅；在抚顺有满族八碟八碗；在本溪有蜊蛄豆腐；在丹东有炒米糙子；在锦州有沟帮子熏鸡；在阜新有彰武手把羊肉。最具代表性的民间艺术，在沈阳有辽宁鼓乐、沈阳评剧、东北大鼓；在大连有复州皮影戏、长海号子、金州龙舞；在鞍山有海城高跷、岫岩玉雕；在抚顺有煤精雕刻、地秧歌；在本溪有桓仁盘炕技艺；在锦州有辽西太平鼓；在盘锦有古渔雁民间故事。最原真的民族风情，以满族、蒙古族、回族、朝鲜族、锡伯族为序，在辽宁有五个系列。若要下场体验，可以去看抚顺新宾满族老街、本溪同江峪满族风情街；可以去看阜新蒙古贞庄园、北票尹湛纳希纪念馆；可以去看沈阳西关回族美食街；可以去看沈阳西塔朝鲜族风情街、铁岭辽北朝鲜族民俗街；可以去看沈阳锡伯族家庙、锡伯族博物馆。民俗之复兴，是本土文化觉醒的重要标志，风情之淳朴，是本土文明的真正升华。

一方水土，扬一方威名。

近代世界，海陆交通，舟车四达，虽长途万里，须臾可至。当代世界，地球是平的，都会名城，同属一村，经济文化，共存一炉。辽宁是工业大省，前有近代工业遗产，后创当代工业传奇，写中国工业编年史，辽宁是不可或缺的重要一章。尤其是当代，辽宁既是名副其实的共和国长子，也是领跑共和国工业的火车头。沈阳铁西区，已经成为"露天的中国工业博物馆"。旅顺大坞、中船重工、大连港、大机车，已经以"辽宁舰"为新的起点，让现在告诉未来。鞍山钢铁厂、抚顺西露天矿、本溪湖煤铁公司、营口造纸厂、阜新煤炭工业遗产群，则用会当水击三千里的底气，托起辽宁工业腾飞的翅膀。辽宁是文博大省，行旅之游览，风人之歌咏，必以文化加持，而最好的载体，就是深沉持重的文博机构。辽宁在关外，文化积淀虽比不上周秦汉唐之西安，比不上六朝古都之南京，比不上金元明清之北京，却因地域之独特，而拥有不一样的出土，不一样的珍藏。而所有的不一样，都展陈在历史的橱窗里。既然不能以舌代笔，亦不能以笔代物，那就去博物馆吧。文物是历史的活化石，正因为有辽宁省博物馆、辽宁古生物博物馆、大连自然博物馆、旅顺博物馆、朝阳博物馆以及朝阳鸟化石国家地质公园等等，辽宁人确切地知道自己是谁，究竟从哪里来，因而对这方土地保持了永远的敬畏与敬意。辽宁也是体育大省，因为有四季分明的北方阳光，因为有籽粒饱满的北方米麦，也因为具备放达乐观的北方性格，辽宁人的运动天赋几乎是与生俱来。所以，田径场上，就跑出了"东方神鹿"王军霞；足球场上，就踢出了神话般的辽宁队、大连队；奥运会上，更有14个项目获得过冠军。最吸睛的，当然是足、篮、排三大球，虽然没有走向世界，但在中国赛场上，只要辽宁队亮相，就会满场嗨翻。看辽宁人的血性，辽宁人的信仰，就去比赛场上看辽宁队。

当今中国，旅游经济已经走过三个时代，这三个时代分别是观光时代、休闲时代、大旅游时代。观光时代，以旅行社、饭店、景区为主，最多逛逛商业街，买买纪念品，完成的只是到此一游。休闲时代，以行、游、住、食、购、娱为主，于是催生了"印象系列""千古情系列""山水经典"系列，也只不过多了几个卖点。如今已是大旅游时代，特点是旅游资源无限制，旅游行为无框架，旅游体验无穷尽，旅游消费无止境。就是说，考验一个地方有没有文化实力的时候到了，所谓大旅游时代，就是要把一个资源，变成一个故事，一个世界，一个异境，然后让旅游者蜂拥而至，让这个资源成为永动机，让情景地成为去了再去、屡见屡鲜的经典。

正因为如此，有了这套"山海有情 天辽地宁"文体旅丛书，梳理辽宁文体旅谱系，整合山水人文资源，献给这个方兴未艾的大旅游时代。

素　素

2025年1月于大连

目录

新中国第一座博物馆

——辽宁省博物馆

辽宁省博物馆成立于1949年7月7日，是新中国建立的第一座博物馆，建馆之初名为东北博物馆，1959年改称辽宁省博物馆，2008年被评为国家一级博物馆，2009年被列为中央与地方共建国家级博物馆。辽博新馆位于沈阳市浑南区智慧三街157号，占地面积8.32万平方米，建筑面积10万余平方米，分为陈列展览、观众服务、文物库房、文物保护、综合业务等5个业务区。陈列展览区分3层，有22个现代化展厅，展陈面积2.4万平方米，是国内建筑面积和展陈面积最大的省级博物馆之一。

辽博现有馆藏文物近12万件，其中珍贵文物数万件，以辽宁地区考古出土文物和历史艺术类文物为主体，分为书法、绘画、丝绣、青铜、陶瓷等20个门类，尤以晋唐宋元书画、宋元明清缂丝刺绣、红山文化玉器、商周时期窖藏青铜器、辽代瓷器、历代碑志、明清版画、古地图、历代货币等最具特色和影响。其中，历代书画收藏在国内外占有重要地位，素以体系完整、品质精良、精品荟萃而蜚声中外，如馆藏现存世界最早的楷书墨迹东晋佚名《曹娥诔辞》，《唐摹万岁通天帖》，"草圣"张旭《古诗四帖》，宋徽宗传世草书孤本《千字文》，传世人物画巨作唐周昉《簪花仕女图》，宋摹唐张萱《虢国夫人游春图》，五代时期中国南派山水画鼻祖董源的传世代表作《夏景山口待渡图》，宋徽宗《瑞鹤图》等，皆为稀世之珍。

出口
EXIT

辽宁省博物馆

两幅"大唐盛世"微观生活图景

在辽宁博物馆中，有两幅绘画作品堪称世界级名画，是反映大唐盛世的微观图景，一幅是《簪花仕女图》，另一幅是《虢国夫人游春图》。

后人盛赞大唐盛世，一般是指唐朝的鼎盛时期，其时间跨度大致为公元713年—765年，包括"开元盛世""天宝盛世"等时段。在这50多年的时间里，唐朝的政治相对稳定，经济发展成为历史上最好的繁荣期，军事实力强大，对外战争中很少败北，边境相对稳定；国际交往频繁，崇尚开放之风，建筑艺术发达。其间文化繁荣达到了一个巅峰阶段，在诗歌、书法、绘画、音乐等一系列艺术形式上都有登峰造极的成就，出现了令后人无限敬仰的文人雅士，艺术品类的丰富性和艺术造诣的高超性也为大唐盛世起到了绝佳的宣传，后人也是通过唐代各类艺术形式的不同凡响而回想起了大唐。

描写盛唐景象的诗人很多，诗歌很多，而韦庄的一首《陪金陵府相中堂夜宴》却别有意蕴，诗中写道：

满耳笙歌满眼花，

满楼珠翠胜吴娃。

因知海上神仙窟，

只似人间富贵家。

绣户夜攒红烛市，

舞衣晴曳碧天霞。

却愁宴罢青娥散，

扬子江头月半斜。

韦庄属于唐末诗人，经历了唐末动荡的社会变化，但依然能够写出如此绝美的诗句，可想而知当时的上层社会达官显宦的奢华生活。从诗的题目上可以知道，这首诗写于府相中堂陪宴的所见所感。前三联均用貌似称扬的语气和浓墨重彩极力渲染了夜宴中轻歌曼舞、花团锦簇的场面，充分显示出"人间富贵家"几与"海上神仙窟"媲美的奢靡豪华。尾联却将笔锋一转，描绘出一幅酒阑人散、残月半斜的凄美画面，与前面形成鲜明对比，于写景中寄寓了作者好景不长的感慨和忧时伤世的情怀，别具匠心，委婉含蓄。

从《陪金陵府相中堂夜宴》一诗的角度再看《簪花仕女图》，似乎又极为映衬，相得益彰而又别有一番意趣。

《簪花仕女图》传为唐代周昉绘制的一幅粗绢本设色画，是周昉贵族人物画风格的代表。全画纵长45.75厘米，横长179.6厘米，画中描绘了衣着艳丽的五位贵族妇女和一个侍女（执扇者）于春夏之交赏花游园的景象。画作不设背景，工笔重彩绘制的六位女性，点缀在人物中间的两只猧（wō）儿狗，一只白鹤，以及湖石和一株辛夷花树，构成图画的全部内容。

《簪花仕女图》中六个人物的主次、远近安排巧妙，每一个人物特征极为鲜明，举止神态活灵活现，"鲜活"得呼之欲出、跃然纸上。浓丽的设色，头发的勾染、面部的晕色、衣着的装饰，使人物形象显得悠闲自得，丰腴华贵。小狗、白鹤、湖石、花树点缀其中，精妙地衬托出人物，展示人物的活动内容，表达了人与物之间的关系。

画家用笔和线条细劲有神、流动多姿、极尽工巧，曼妙地表现了贵族妇女细腻柔嫩的肌肤和丝织物的纹饰，尽数呈现了唐代时髦

《簪花仕女图》

女性的穿搭要领，堪称仕女画的标杆，反映出贵族仕女养尊处优、无所事事、游戏于花蝶鹤犬之间的生活情态。

《簪花仕女图》从当时社会的现实生活出发，将贵族妇女画得雍容华贵，画出一种闲适无聊的生活本质，表现出娇、奢、雅、逸的气息和女性柔软、温腻、动人的姿态。作品渲染的快乐而又略带懒散的情绪和气氛，正恰当地展示了属于那个时代整个贵族的风貌，在表面华丽雍容的物质繁华背后，隐藏着人物内心深深的凄寂和幽怨。

《簪花仕女图》是世界范围内唯一认定的唐代仕女画传世孤本。除了唯一性之外，其作品的艺术价值也很高，是典型的唐代仕女画标本型作品，也是能代表唐代现实主义风格的绘画作品，展现了极为浓郁的时代特色和民族气息。这种仕女画风格在当时画坛上颇为流行，极大地影响了唐末乃至以后各朝代的仕女画坛和佛教艺术，是中国传统绘画史上非常重要的一部作品。

此卷曾经被南宋内府收藏，南宋末归贾似道所有，元、明间流传无考，清初为梁清标、安岐收藏，后入清内府。

1924年，末代皇帝溥仪出宫，但在此前，他用了一年时间整理了1000余件举世罕见的书画作品。在溥仪逊位前，溥仪便以"恩赐"名义，将内府所藏珍贵字画赏赐给其弟溥杰、溥佳，让他们利用每日下学出宫机会，用黄绫包袱将书画带出，《簪花仕女图》就在其中。盗运出宫的书画起初存放在醇王府内。1925年，在日本人"协助"下，这批书画被运抵天津，随溥仪先后在日租界内的张园、静园收藏。1934年，溥仪在长春做了伪满洲国皇帝，这批书画被运至当时的长春伪皇宫小白楼内。小白楼是一幢二层日式钢筋水泥楼，是日本人为溥仪修的保存善本图书及古玩字画的库房，内存藏品总数约1300件，对外名曰"图书馆"。

1945年8月，日本宣布战败投降前，日本关东军准备将伪满洲国迁到通化。8月17日，溥仪乘飞机企图逃往日本时，被苏联红军俘获，其携带的一部分书画和珠宝由苏联红军查扣，后转交东北民主联军，几经辗转后，《簪花仕女图》藏于辽宁省博物馆。

颇为有意思的是，在1972年，有关专家对《簪花仕女图》进行重新装裱时，发现此图系后拼接而成，较明显者为左数第二个比例较小的仕女为后嵌入，而白鹤与画左小狗亦为剪裁而来，有研究者据此认为其原为屏风画。

《虢国夫人游春图》是唐代画家张萱以虢国夫人游春景况所绘制的画作。

此图描绘的是天宝十一载（752），唐玄宗的宠妃杨玉环的三姐虢国夫人及其眷从盛装出游的图景。表现了显赫一时的杨氏三姊妹在众女仆和从监的引导和护卫下，一行八骑九人（包括一小女孩儿）挥鞭策马，外出踏青游春的情景。图中人物神态从容，乘骑步伐轻松自如，人物服饰轻薄鲜明。一行人前呼后拥、浩浩荡荡如花团锦簇。画的主题是"游春"，但整个画面背景不落半点儿墨痕，既没有青草绿木、归燕鲜花，也没有春水微波，就在那悠闲欢愉的神情与骏马轻举缓行的英姿中，画面上洋溢着雍容、自信、乐观的盛唐风貌，观者也感受到了风和日丽的春天气息。

游春是开放的唐代的社会风俗，以每年的三月初三为盛。为了让人们有游春的好去处，唐玄宗将汉武帝所造之曲江池修整一新，使之成为花草繁盛、烟水明媚的游览胜地。每到三月三，妇女们尤其是贵族妇女都来此游赏。虢国夫人是唐玄宗的宠妃杨玉环的三姐，生活奢侈、豪华，喜欢热闹的她自然不会失去这个机会，与其姐妹结伴而来。

请看杜甫的《丽人行》一诗：

三月三日天气新，长安水边多丽人。

态浓意远淑且真，肌理细腻骨肉匀。

绣罗衣裳照暮春，蹙金孔雀银麒麟。

头上何所有？翠为荅叶垂鬓唇。

背后何所见？珠压腰衱稳称身。

就中云幕椒房亲，赐名大国虢与秦。

紫驼之峰出翠釜，水精之盘行素鳞。

犀箸厌饫久未下，鸾刀缕切空纷纶。

黄门飞鞚不动尘，御厨络绎送八珍。

箫鼓哀吟感鬼神，宾从杂遝实要津。

后来鞍马何逡巡，当轩下马入锦茵。

杨花雪落覆白蘋，青鸟飞去衔红巾。

炙手可热势绝伦，慎莫近前丞相嗔！

　　杜甫的《丽人行》仿佛是专为《虢国夫人游春图》配的诗。全诗场面宏大，鲜艳富丽，笔调细腻生动，同时又含蓄不露，诗中无一断语处，却能使人品出言外之意。语极铺排，富丽华美中蕴含清刚之气。虽然不见讽刺的语言，但在惟妙惟肖的描摹中，隐含犀利的匕首，讥讽入木三分。

　　而在《虢国夫人游春图》中，画家通过画笔着重描绘出人物的内心。画家不着背景，通过劲细的线描和纷敷的设色，浓艳而不失其秀雅，精工而不板滞。全画构图疏密有致，错落自然。红裙，青袄，白巾，绿鞍，骑鞍上金缕银丝精细的绣织，都显得十分富丽。夫人的体态丰姿绰约，雍容华贵，脸庞非常丰润，具有"态浓意远淑且真，肌理细腻骨肉匀"的特色。人与马的动势舒缓从容，正应游春主题。这些足以看出作者的非凡才能和高超的艺术技巧，也说明了作者对生活的细密观察和创作的严谨态度。

《虢国夫人游春图》的价值，不仅在于它的高超技巧，以及它对真实历史人物和真实风俗图景的生动描绘，更在于它从特定角度显示了一个伟大艺术时代的风貌，以及那个时代精神的某种姿神。张萱将现实生活中的女性作为题材，具有一定的进步意义，且对后世影响很大。

《虢国夫人游春图》是中国十大传世名画之一，原作已佚，此图原作曾藏宣和内府，由画院高手摹装。在两宋时为史弥远、贾似道收藏，后经台州榷场流入金内府，金章宗完颜璟在卷前隔水题签，指为宋徽宗赵佶所摹。不过，据学者考据，此件技艺高超的作品可能是宋代画院名家所代笔，未必是赵佶亲手摹写的，见《庚子销夏记》《墨缘汇观》《石渠宝笈续编》诸书著录。

明末书画鉴藏家王鹏翀、清初藏书家梁清标曾鉴藏过《虢国夫人游春图》，卷末有明末清初书画家王铎题跋。清乾隆年间，乾隆皇帝因爱好书画，在位期间不遗余力将全国珍品收藏到清宫内府。清朝覆亡后，末代皇帝溥仪虽退位，但仍按退位优待条件居住在故宫原住所。溥仪在北洋军阀控制期间，为生计考虑，与弟弟溥杰将一批书画盗运出宫。后溥仪于1925年移居天津，1932年又被挟持至长春，1945年伪满洲国灭亡后，溥仪随身携带小部分书画，希望经沈阳前往日本，被逮捕入狱，随身书画被缴获，保存到银行。1948年，这批书画从银行拨交给当时的东北文物管理委员会，后来转交给东北博物馆（今辽宁省博物馆）。其中就有《虢国夫人游春图》宋摹本。

《虢国夫人游春图》

玉猪龙：无法言说的红山图腾

一件玉猪龙物件，自出土之后，给人们带来了无限的猜想，使观者惊叹于古人的聪明才智与高超的技术技能，感慨今人所不能及。

玉猪龙，又名玉兽玦，是对发现于红山等地的一种玉器的称呼。玉猪龙高15厘米、最宽处10厘米，辽宁省建平县采集。此件是目前馆藏红山文化猪龙中形体较大、形制最规整的一件。器物表面由于浸蚀较重，已质变呈牙白色。整体如"C"字形。器中央有一大圆孔，背部近颈际有一小圆穿，皆由两面对钻而成，似可做饰物系绳佩挂。

玉猪龙体蜷曲如环，扁圆厚重。兽首肥大，两耳耸立，圆睁大眼，口微张，外露獠牙，鼻间有多道阴线皱纹。兽身光素，首尾以一条缺而不断的口相隔。正视、侧视、上视、下视皆可揣摩其不同效果所在。它的背部均有一两个对钻的圆孔，据出土时成对位于死者胸前的情况看，用作佩饰的可能性极大。

玉猪龙一般成对挂在墓主人的胸前，是按照一定规格制成的原始"礼器"，是墓主人社会地位、等级、权力的象征。这样的墓主人很可能是部落的酋长兼巫师。他们执行着沟通天地、沟通人与神之间关系的职能，而玉猪龙就是主人的通灵之物，死后也伴随着主人长眠于积石冢内。由此可见，玉猪龙的出现，是中国原始农业的发展和宗教祭祀的需要。

但高度达15厘米以上的大型玉猪龙，就其重量来说已不适合佩戴。因此许多学者认为玉猪龙不仅仅是一种饰物，更是一种神器，

白玉猪龙
White jade pig-shaped dragon

新石器时代
the Neolithic
建平县征集
辽宁省博物馆藏

玉猪龙

一种红山先民所崇拜的代表其祖先神灵的图腾物。内蒙古自治区翁牛特旗三星他拉村出土的红山文化玉龙，雕琢精细，造型古朴雄浑，为迄今所知最早的玉龙，极其珍贵，有"华夏第一玉龙"的美称。

一般来说，原始人的图腾大多来自某种自然界客观存在的动植物，而原始艺术大多是对自然物的一种模仿。由于玉猪龙的头部明显具有猪的特征，大多数人认为玉猪龙的原型可能是猪。又因为它蜷曲的身体特别像虫，也有人认为玉猪龙的原型来源于金龟子的幼虫蛴螬。而据研究，红山文化玉猪龙的原型很可能是猪的早期胚胎。

玉猪龙为岫岩软玉，通体呈牙白色，肥首大耳，吻部平齐，三角形切口不切透内圆，身体首尾相连，成团状蜷曲，背部对钻圆孔，面部以阴刻线表现眼圈、皱纹，整器似猪的胚胎。首尾衔接如环形的玉猪龙，较多地保留了猪的形象，属于早期的作品，很有可能是"猪乃龙象"这一古谚的最早源头。随着时间的推移，玉猪龙慢慢首尾分离，头上长出了鬣或角。而蜷体玉龙同样为岫岩软玉，呈墨绿色，短龙首，吻部前伸上噘，鼻端截平，双圆鼻孔，梭形目，长鬣扁薄，明显地具备猪首的特征。同时龙体蜷曲呈"C"形，刚劲有力，显现腾云驾雾的动感，无疑又具备蛇的特征。有专家认为，古人以蛇象征土地和繁殖力，崇拜蛇。体现在玉器造型上，就把猪和蛇结合起来，出现了猪首蛇身龙的形象。至此，一条原始的龙被我们的祖先创造出来了，蜷体玉龙由此被称为中华第一龙，也印证了很早以前中华大地的北方就开始了对"龙"这一物种的图腾崇拜。

铜镏金木芯马镫："中国靴子"

"夜阑卧听风吹雨，铁马冰河入梦来"，陆游的诗句画面感很强，"夜深深，躺卧在床上，听着风雨，梦见自己披着铠甲骑着战马驰过冰河出征疆场"，这不是一人一马，仿佛千军万马的大场面。

辛弃疾的"马作的卢飞快，弓如霹雳弦惊"同样也是气势如虹，战马像的卢一样跑得飞快，弓箭像惊雷一样离弦震耳。这战场的阵仗，就是因为有"马"的参与，使疆场的"宏大气氛"提速提级。

有学者指出，马的历史就是人类的历史，世界上可能没有任何一种动物比马更能走进人们的生产、生活，马与人类息息相关，马是人类文明的参与者，也是人类文明的见证者。

尤其是在战争中，马发挥了极大的作用，甚至成了战争的关键部分。对于骑兵而言，马既是生命，是一种荣誉，也是人类的图腾。

在使用"马"的时候，人类依靠智慧和为了使用"马"时的方便，不断地制造着一些马具，比如马嚼子、马鞍子、马鞭子、马粪兜、马掌儿、马镫以及与马有关的各种装饰物。

其中，马镫的出现，极大地改写了人用"马"的质量。有人说，在人类的军事史上，马镫的发明是一件划时代的大事。马镫是创造和传播现代文明的主要工具之一，可以和印刷术相提并论。马镫的使用直接影响了骑兵这一兵种的发展。

1965年出土于辽宁省朝阳市北票县（今北票市）北燕冯素弗墓的铜镏金木芯马镫，虽然是一件极不起眼的"小物件"，但它以极为重要的"意义"，提高了我们对"文物意义"的认知，对人类使用马的认知。

铜镏金木芯马镫是目前我们发现有明确纪年（为公元415年前的北燕时期）的最早的一副双马镫实物，此马镫通高23厘米，由一整根木条揉成圈，外包一层镏金铜片，显得十分结实耐用。

试想，人类在驯马、养马、用马的过程中，逐渐将马作为一种工具推向战场，参与战争。马可以运载货物，可以载人驾车，或逐渐推向战场，"驾长车，踏破贺兰山缺"，冲杀的气势和阵仗一定是风尘滚滚、声势浩大，同时却失去了部分灵活性和速度性，存有极大的弊端。但当将士们踩着马镫、跨着骏马驰骋在疆场上的时候，杀伐之气一定是旌旗猎猎、马嘶风鸣、势如破竹、剑气如虹。马镫使人游刃有余地掌控了马上作战的基本控制力。从描写"马"的诗句中，我们也能体会到马镫的作用和意义了。

> 凛凛边风急，萧萧征马烦。——虞世南
>
> 何当金络脑，快走踏清秋。——李贺
>
> 马上相逢无纸笔，凭君传语报平安。——岑参
>
> 葡萄美酒夜光杯，欲饮琵琶马上催。——王翰
>
> 开张天岸马，奇逸人中龙。——洛阳龙门石窟上的石刻字
>
> 春风得意马蹄疾，一日看尽长安花。——孟郊
>
> 草枯鹰眼疾，雪尽马蹄轻。——王维
>
> 马思边草拳毛动，雕眄青云睡眼开。——刘禹锡
>
> 夜阑卧听风吹雨，铁马冰河入梦来。——陆游
>
> 马蹄踏水乱明霞，醉袖迎风受落花。——刘因
>
> 四山旗似晴霞卷，万马蹄如骤雨来。——徐珽

《大英百科全书》中曾这样写道："让人无比惊讶的是，人类骑兵时代的实现居然是因为马镫的发明。"马镫是一个普普通通的"小

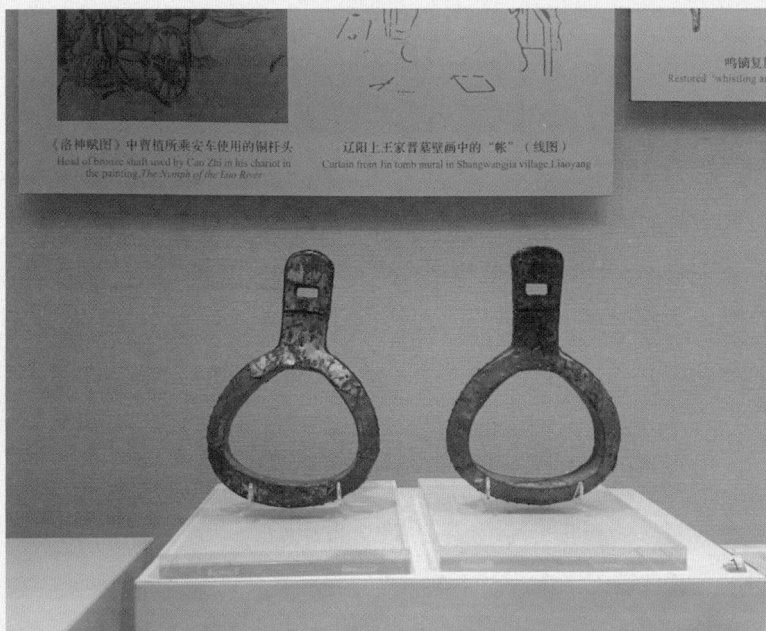

《洛神赋图》中曹植所乘安车使用的铜杆头
Head of bronze shaft used by Cao Zhi in his chariot in
the painting The Nymph of the Luo River

辽阳上王家晋墓壁画中的"帐"（线图）
Curtain from Jin tomb mural in Shangwangjia village,Liaoyang

鸣镝复原
Restored "whistling ar

铜镏金木芯马镫

物件"，但它在人类用马的过程中，尤其是在军事领域所起到的作用是显而易见的，更是值得我们重视的人类发明。

有人把马镫誉为"中国靴子"，这再恰当不过了。通过小小的马镫，我们也要知道，任何一件文物背后所承载的意义和价值，都不可小觑。

鸭形玻璃注：玲珑剔透的"欹器"

鸭形玻璃注，是辽宁省博物馆的又一件"镇馆之宝"，1965年9月在发掘北票县西官营子北燕冯素弗墓时出土，质地纯正、造型生动。同时出土共有五件玻璃制品，鸭形玻璃注是其中保存较为完好的一件，其余四件为碗、杯、钵和残器座。除形制不一外，这几件玻璃器皿均由透明深浅绿色玻璃制成，制作技法也相同。

鸭形玻璃注长20.5厘米，腹径6.2厘米，质薄透明，表面微见银绿色锈浸，以吹管法成型。体横长，形如鸭状，流如大张之鸭嘴，长颈鼓腹，拖一细长尾，尾尖微残。成型后，采用粘贴法，用贴粘玻璃条组成细部图案。颈部饰一周锯齿纹带，象征鸭颈的花羽，背上则装饰以玻璃液引长的细条粘出的一对雏鸭式的三角形翅膀，腹下两侧又各粘一段波状的折线纹以拟双足，腹底贴一平正的饼状圆玻璃。

根据《辽宁北票县西官营子北燕冯素弗墓》发掘报告，有关该墓出土的几件玻璃器描述及其线图、照片显示，它们的共同特征是以透明的深浅绿色玻璃为基本材料，以吹管法成型，器胎较薄，口是卷边；而鸭型玻璃注器型奇特，粘贴玻璃条以饰细部。而且经检验，其材质更是当时中国尚不能自主生产的钠钙玻璃。此器重心在

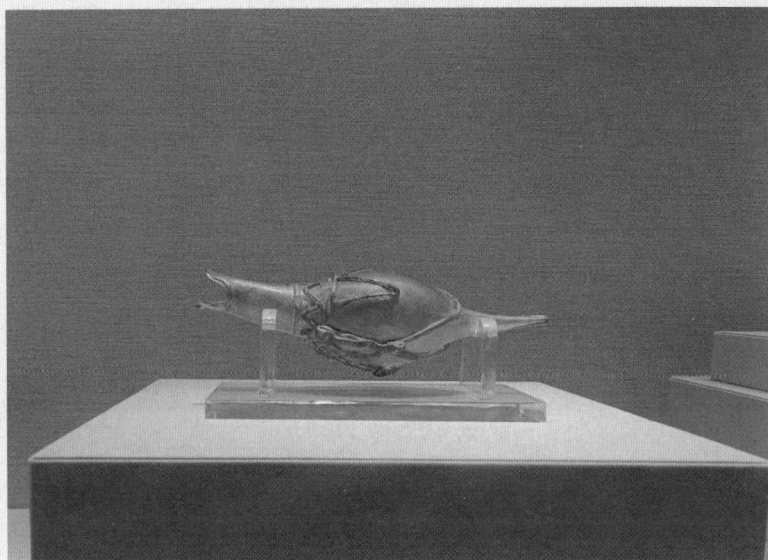

鸭形玻璃注

前，只有腹部充水至半时，因后身加重，才得以放稳。

如此奇特而罕见的动物造型的早期玻璃器全世界为数不多。经文物及历史专家研究推测，这件鸭形玻璃注应该是产于今叙利亚至地中海沿岸一带的古罗马帝国，其传入途径是由西域经过草原之国——柔然，再传进冯氏北燕的。

鸭形玻璃注的造型及装饰艺术与风格等制作细节属罗马玻璃系统。特别是其吹管成型、热贴玻璃条等，更是古罗马玻璃制作的常用技术。吹管玻璃成型法是公元前1世纪古罗马帝国玻璃工匠的伟大创造，是玻璃器制造史上的一次重大技术革命。

吹管玻璃技术向东方传播尚缺文献记载，从现已出土的玻璃器判断，大体在北魏时期已传入我国，但所制产品质量较鸭形玻璃注相距甚远。前者精致，而后者稚拙。《魏书》记载，北魏武帝拓跋焘时大月氏国商人来京都传授玻璃烧造技术，"铸石为五色琉璃……自此国中琉璃遂贱，人不复珍之"。吹管玻璃成型法如何使玻璃成型，历唐、宋、元、明各代，至清初始有著录。

根据康熙年间大学士孙廷铨《颜山杂记》记载分析，鸭形玻璃注的成型过程及其工艺，离不开铁棒、管、剪刀等工具以及工匠本人练就的身、首、项、手、口的功夫，如要吹成橄榄形器身，须将铁管向下，先用微气缓慢俯吹成型，再用剪刀引长，并截其口而引拗成喙形，用剪拉长另一端做尾，这几个工序都要在炉前玻璃不流不凝的条件下迅速而果断地完成。

鸭形玻璃注的装饰主要采用粘贴玻璃条组成细部图案，不加琢磨，全靠吹管玻璃匠的灵感和经验在烊火炉前完成这一工艺过程。当鸭形玻璃注吹成后，用玻璃液引长的细条，迅速粘贴在稍经加温的注身上，与器型相配合仍以象征手法贴成喙、翼、足等细部，另在颈部粘贴不规则的环状、锯齿条饰，在背腹部饰M、Y形粗细不等的直线或曲线等玻璃条纹饰。鸭形玻璃注的器形和装饰的艺术手法与风格是完全一致的，都是以象征的、概括的手法完成，其吹管、剪引、热贴等技术是极其熟练的，非出凡手，应是一位经验丰富、造诣较高的匠师完成的。

鸭形玻璃注在早期玻璃器中十分罕见，是魏晋南北朝时期中外交往的实物资料，也是中外历史上早期玻璃器中的珍品。那时进口玻璃器，尤其是鸭形玻璃注这样精美的产品进口数量是有限的，故被统治者视若珍宝，秘不示人。众所周知，玻璃器易碎不便保存，从罗马帝国万里迢迢运到辽西，掩埋入穴1500余年仅表面浸蚀，保存如此完整，不能不说是一个奇迹。它是研究草原丝绸之路的重要物证，具有重要的历史和艺术价值。

该物件从材质上看，属于玻璃制品，但中国早期是没有玻璃制作工艺的。玻璃最早出现在外国，公元前2600年左右，玻璃出现于美索不达米亚（今叙利亚东部和伊拉克境内）或埃及的早期文明中心地之一。古埃及和古希腊都对玻璃制造有所贡献。而距今2500年左右，中国才出现玻璃制品。有一部分人认为，玻璃是从埃及流入我国，因为出土的玻璃制品和埃及的相似；也有一部分人认为，中国商代在炼制青铜器的同时得到了少量的玻璃。

由于缺乏有效的资料，我国在什么时间出现玻璃制品，学界一直在争论。早期埃及的玻璃制品不透明，可以作为装饰品，有各种花纹和图案。中国早期的玻璃制品又称为琉璃。但琉璃与玻璃并不是同一种东西，只是化学成分相似，都属于硅酸盐化合物，主要成分是二氧化硅。玻璃的二氧化硅含量高达92%~99%，其他成分有氧化钙、氧化铅，透光度和折光率非常好；而琉璃的二氧化硅含量最多达90%，其他的成分氧化铝、氧化钴、氧化铅等含量还不少，所以琉璃具有特殊的金属光泽。

18世纪之前，中国由于缺乏玻璃技术，没有透明的玻璃仪器，很多化学反应无法观察，也未能发明望远镜和显微镜。一直到清朝，乾隆皇帝聘请西洋工匠，力推玻璃制造"国产化"，建立了皇家玻璃厂。乾隆曾写诗称赞："西洋奇货无不有，玻璃皎洁修且厚。"可能在中国早期称为玻璃的东西就是琉璃吧。

但在中国，出现的和鸭形玻璃注相似的物件是有的，《荀子·宥坐》记载："吾闻宥坐之器者，虚则欹，中则正，满则覆。"这里出现的"欹器"，是君王用来置于座右以为戒的容器，若注水，"虚则欹，中则正，满则覆"，其功用相当于今人"座右铭"。鸭形玻璃注构造与古代文献记载的"欹器"相同，而我国古代的欹器一般是陶器或金属制品。鸭形玻璃注重心在前，不注水时，器身不稳。用时，将水由鸭嘴注入，当鸭腹中水量充至一半时，前后方才平衡，器身才能放稳。现故宫博物院里陈设着一对铜质镏金欹器，为1895年"光绪御制"，其用途和构造原理与鸭形玻璃注类似。

撷英集萃，藏贮经典

——辽宁省图书馆

辽宁省图书馆的前身是1948年8月创建的东北图书馆，1949年2月迁至辽宁省沈阳市，1955年改名为辽宁省图书馆，2015年完成了旧馆向新馆的过渡。辽宁省图书馆是首批国家重点古籍保护单位，是国家一级公共图书馆，现馆舍建筑面积10万余平方米，是全国省级公共图书馆中单体面积最大的图书馆之一。

图书馆设有16个机构部门，在编职工253人；馆藏文献650余万册（件），古籍文献61万册，其中，善本书12万册，宋元版书100余部。珍贵版本包括：宋德祐刻本《春秋集注》、明洪武太子朱标旧藏——宋版《春秋意林》、宋版《续资治通鉴长编》、一部"身世"扑朔迷离的宋版书——《诚斋四六发遣膏馥》、稿本《长春伪宫残存宋元珍本目录考略》、李鸿章未刊函稿、《聊斋志异》手稿、宋刻本《抱朴子内篇》等珍贵古籍。

镇馆之宝《聊斋志异》手稿

清康熙元年（1662），23岁的蒲松龄开始撰写狐鬼故事，他自谓"喜人谈鬼""雅爱搜神"。据清人笔记《三借庐笔谈》记载，蒲松龄每天早晨起来就在大道边铺席于地，摆设烟茶，坐待过往行人，

《聊斋志异》手稿

以搜集奇闻逸事。每听到一事，回家后就加以修饰、润色。康熙十八年春，40岁的蒲松龄初次将手稿结集成书，名为《聊斋志异》，此后屡有增补。

清康熙二十六年丁卯（1687）春，清初诗坛领袖，在京城做官的王士禛（淄博桓台人）来淄川访友，在朋友的宴席上结识了48岁的蒲松龄，对其十分赏识，认为蒲松龄是奇才。是年夏，王士禛专程前往淄川蒲松龄处，借阅《聊斋志异》，看后大加赞赏，在书卷后题诗评价说："姑妄言之姑听之，豆棚瓜架雨如丝。料应厌作人间语，爱听秋坟鬼唱诗。"

当时，王士禛欲以500两黄金购买《聊斋志异》手稿，但被蒲松龄婉拒，蒲松龄也作《次韵答王司寇阮亭先生见赠》答谢："《志异》书成共笑之，布袍萧索鬓如丝。十年颇得黄州意，冷雨寒灯夜话时。"他述说了创作之艰，也表达了对王士禛给予肯定和赞许的感激之情。

康熙五十四年（1715）正月，蒲松龄病逝，享年76岁。他在临终前嘱咐儿孙"余生平恶笔，一切遗稿不许阅诸他人"，并为家族立下规矩："长支传书，次支传画。"按此遗训，《聊斋志异》手稿（共上下两部）由其长子蒲箬一支世代传存。

由于蒲氏家族家境贫寒，在蒲松龄去世后的50年里，《聊斋志异》一直没有刊布，只有抄本流传于世。直到乾隆三十一年（1766）方刊刻、发行于世，共收录短篇小说490余篇，篇数因版本不同而略有差异。《聊斋志异》一经问世就风行天下，书商竞相翻刻，并相继出现了注释本、评点本，文言小说也因此出现了再度兴盛的局面。

将《聊斋志异》上下两部手稿带到东北的，是蒲松龄八世族孙蒲价人。1862年，淄川城内爆发农民起义，当时，蒲松龄长支后代手中的手稿，存放于蒲氏家祠中。后来，清军血洗刘德培的根据地淄

竟覺以末一念心不專不牽少涉浮動上
萬緣俱淨忽聞左目中小語如蠅曰黑漆似時救人右目中應云可同小遨遊
出此悶氣漸覺兩鼻中蠕蠕有物出雖孔而去久之迴遂復目鼻入眶
中又言曰許時不窺園亭珍珠蘭遽枯瘁死生素喜香此蘭園中多熏植

日常自灌溉自失明久置不問忽聞其言遠阿妻此開花何便悵怏死妻謂
其所目知問告之故妻趙齡之花果槁矣矣之帶至房中以候之見有小人
自生鼻內出大不及豆營之然克出門去漸遠遂迷所在俄連壁婦進上南
如蜂蜜之搓穴者如此二三日又聞左言曰隧道迅遂往甚非所便不如自啟門方
應云我歷于岸大不易左曰我試闢浮與兩俱遂覽左言內隱似抓裂有頃
開視齡見凡物喜告妻之審之則脂膜破小竅黑時瑩然如螢樹越一宿幛
盡消細視竟重撞也佢左目旋嫘如故乃知兩瞳人合房一睯笑生雖一目眇而
鞍之雙目者殊更了之由是自豫東御中裨盧德焉

吳史氏曰鄉有士人偕二友拾金遇一見少婦控馿出其弟戲而吟曰有濃

太夫人亦惊起，两婢扶窗下聚观之。姬忽逾窗而

家人不之知也。东邻院上家人毕集，叩门不应，方骇，入见一主二婢死一室。

一婢犹温，扶灌之，移时而醒，乃述所见。先生空哀愤欲死，细审波处掘深

三尺余，渐露白发，又掘之，浮一尸，如所见状。忸怩如生，令击之，骨肉呼喊，焚皮

内尽清水。　　王晓字玉骓，谓余失惊，此事恐属传闻之讹。

瞳人语

长安士方栋，颇有才名，而佻脱不持仪。每陌上见游女，辄轻薄尾缀之。清明前

一日，偶步郊郭。见一小车，朱茀绣幰，青衣数辈，款段以从。内一婢乘小驷，容光绝美。

稍稍近觇之，见车幔洞开，内坐一二八女郎，即红妆艳丽，尤生平所未睹。目眩神夺，瞻恋

弗舍，或先或后从驰数里。忽闻女郎呼婢近车侧曰：此芙蓉城七郎子新妇归宁，非同田舍娘子，

而频来窥瞻，婢乃下帘，怒顾生曰：此何处风狂，

放教秀才胡闹，言已掬辙土飏生，眯目不可开。拭视而车马已渺。惊疑而

返，觉目终不快，倩人启睑拨视，则睛上生小翳，经宿益剧，泪涔涔不止，翳

越次晨，其妻为之启睛，每翻光明径

聊斋原稿《瞳人语》

川，这恰恰是蒲氏家祠所在地。蒲价人担心《聊斋志异》手稿等珍宝在战乱中遭遇不测，便携往关东。之后，他定居沈阳（时称奉天），以卜卦和代写文书为生。后将手稿传给儿子蒲英灏。

光绪二十年（1894），蒲英灏供职在盛京将军依克唐阿幕府，依氏得知蒲英灏是蒲氏后代，藏有《聊斋志异》手稿，便商量借阅，蒲英灏无奈，只好先以半部借之。但依克唐阿未能如约璧还，致使该部分手稿至今下落不明。原来，当时正值戊戌变法，依克唐阿奉命进京。由于走得匆忙，他未交代手稿存于何处，进京后又染急病，于1899年不治身亡。由此，弥足珍贵的《聊斋志异》手稿只剩下"半部"。

为长久保障手稿的安全，蒲氏后人将半部《聊斋志异》手稿捐赠给人民政府——辽东省文化处，同时写了《聊斋原稿》和《聊斋流源考》两篇短文以供研究家参考。同年秋，经东北文化部专家鉴定，系海内孤本，是极为珍贵的《聊斋志异》定稿本。东北文化部文物处将《聊斋志异》半部原稿重新装裱，移交东北图书馆。1952年，《聊斋志异》半部原稿又曾被送交中央人民政府文化部，并一度入藏北京图书馆，后复归辽宁省图书馆珍藏至今。

珍藏稀世古籍

辽宁省图书馆曾以"珍贵古籍"为展览单元，以馆藏10部镇馆级古籍为主线，围绕10个点，内容上自两汉，下讫明清，包括刻本、活字本、套印本、稿本、抄本等不同版本类型的40余部古籍，包括《抱朴子》《扬子法言》《文心雕龙》《新制仪象图》等10部珍本古籍原件展出。这10部稀世古籍，从馆藏61万册古籍（其中有

《抱朴子》宋绍兴二十二年（1152）荣六郎家刻本

12万册善本）中精心挑选，跨越了从汉代至清朝的历史时空，是馆藏中最具代表性的缥缃精品，尽显中国古籍之美。

《扬子法言》雕版，其书的宋淳熙八年（1181）刻本，是"五臣集注本"现存最早的刻本，此书精雕初印，墨色浓润，为南宋浙江刻书之上品。此书为扬雄仿照《论语》而作，旨在捍卫和发扬儒家学说。辽图版本为原清宫天禄琳琅旧物，为溥仪携至东北后所留，现为海内孤本，在内容上可补明、清诸本脱误，具有极其重要的文献和版本价值。

《扬子法言》宋淳熙八年唐仲友刻本

亿万年自然瑰宝荟萃

——辽宁古生物博物馆

辽宁古生物博物馆坐落于辽宁省沈阳市皇姑区黄河北大街253号沈阳师范大学院内，是经辽宁省人民政府批准、由辽宁省自然资源厅和沈阳师范大学共建的，我国迄今规模最大的古生物博物馆。博物馆具有鲜明的国际化特色，占地面积1.9万平方米，建筑面积1.5万平方米，于2011年开馆。共设有8个展厅、16个展区，以科学性为主，以展示地质时期生命起源与演化为主线，以介绍30亿年来辽宁"十大古生物群"为重点，包括地球与早期生命、30亿年来的辽宁古生物、热河生物群、国际古生物化石、珍品化石、辽宁大型恐龙等主题。

化石：生命的回忆，地球的史诗

走进辽宁古生物博物馆，会看到很多古生物化石，每一块古生物化石都是地球上生命的回忆，也是地球的史诗，它们见证了地球上几亿年的演化和变迁，今人通过它们追溯自然历史，表达对生命的无限敬畏以及无限的猜想，可谓是"地层间留痕迹，岁月无法忘"。

在中国的古籍中，很早就有对化石的记载，比如，南朝齐梁时期陶弘景有对琥珀中古昆虫的记述；北宋沈括对植物化石和杜绾对鱼化石的起源，已有了相对正确的认识和科学的辨识。

一般意义上而言，所谓化石，是指保存在岩层中地质历史时期的古生物遗物或生活遗迹以及生物成因的残留有机分子，化石一般最少都要经过上万年才能形成。

在漫长的地质年代里，地球上曾经生活过无数的生物，这些生物的遗体或生活时遗留下来的痕迹，许多被当时的泥沙掩埋起来。在随后的岁月中，这些生物遗体中的有机物质分解殆尽，坚硬的部分如外壳、骨骼、枝叶等与包围在周围的沉积物一起经过石化变成了石头，但是它们原来的形态、结构（甚至一些细微的内部构造）依然保留着。同样，那些生物生活时留下来的痕迹也可以这样保留下来。我们把这些石化的生物遗体、遗迹通称为化石。

辽宁古生物博物馆馆藏的几类化石，都是该馆的"镇馆之宝"。随手撷拾，品而鉴之，颇有意蕴。

比如，提起"辽宁巨龙"化石，先说"东北巨龙"。在辽宁北票市一带，发现过很多类恐龙的化石，一些零散的化石经过厘清后，得到了部分颅后骨骼、四肢骨头、肩带、骨盆、脊椎在内的一具不是非常完整的骨骼。通过这些骨头，科学家们断定其属于基础的巨龙形类，故而命名为东北巨龙。这类东北巨龙的体长约有10米，体重约3吨。

而在离北票比较近的热河生物群中，比东北巨龙还高大威猛的就是辽宁巨龙了。比起东北巨龙化石的残破，辽宁巨龙的化石就完整多了，它的化石完整度超过了50%，其中包含了头骨和下颌骨，但是发现过程非常曲折。2007年，辽宁巨龙的化石就已经在北票市小北沟村被发现，这是辽西地区发现的第一具蜥脚类恐龙。然而这只恐龙虽然已经被装架，并且被鉴定为巨龙形类恐龙，但是一直都

辽宁古生物博物

Paleontological Museum of Liaon

辽宁古生物博物馆

没有被正式命名。直到2018年，《世界地质》上的文章《辽西热河生物群——新的巨龙型类恐龙》才正式确认了这种恐龙的身份——辽宁巨龙。

从身体其他部分来看，辽宁巨龙和东北巨龙非常相似，它们都有粗壮的四肢、小脑袋、长脖子和长尾巴。不过辽宁巨龙保存了更多的化石，这也让我们能更好地了解这种动物身体的每个部分。辽宁巨龙的头骨短而高，非常接近之前发现的盘足龙。它们的牙齿也比较细长，牙缝比较大。科学家推测它们是以柔软的植物为食，这也表明这类植物在当时的热河非常多见，可以养活如此庞大的动物。

和东北巨龙比起来，辽宁巨龙的体型就大得多了。它的一根腿骨就有1.08米长，推测体长13~15米，体重可能有10吨。虽然仍然不是很大，但是也是热河生物群最大的恐龙了。它这样的体型在当时，成年后可能不会再有任何敌人，就算是羽王龙，在想要捕食它们之前，也得三思而后行。

又如馆藏的赫氏近鸟龙化石，这是一种带羽毛的恐龙物种。该近鸟龙化石发现于辽宁省建昌县玲珑塔地区的侏罗纪髫髻山组，距今约1.6亿年。赫氏近鸟龙化石在其骨架周围清晰地分布着羽毛印痕，特别是在前、后肢和尾部都分布着奇特的飞羽，这种特征在灭绝物种中还尚无先例。这是迄今发现的世界上最早的带毛恐龙化石，填补了恐龙向鸟类进化史上关键性的空白。

"赫氏近鸟龙"是中国青年恐龙学家徐星等2009年初在发表的论著中根据一件不完整的头后骨骼标本命名的，该研究曾确定"近鸟龙"是与鸟类亲缘关系最近的一种小型兽脚类恐龙。这次新发现的赫氏近鸟龙化石代表了当时世界上最早的长有羽毛的物种，进一步支持了恐龙演化曾经过"四翼阶段"的假说，并提出了兽脚类恐龙分异的时间框架新假说。此研究成果代表着鸟类起源研究的一个新的、国际性的重大突破。1996年起中国辽西热河生物群发现的大量保存精美的兽脚类恐龙化石，不仅为鸟类起源于兽脚类恐龙假说提供了更有力的证据，而且为羽毛和飞行起源的研究提供了重要信息。

新发现的赫氏近鸟龙化石标本，比该种的正型标本更完整，并提供了更多信息，更奇特的是，其趾爪以外的趾骨上都被有羽毛，这种完全被羽的特征在灭绝物种中尚无报道。研究人员将其进一步认定为属于手盗龙类的两个支系之一，即原始的伤齿龙类。

新化石的发现进一步缩短了初鸟类、伤齿龙类和驰龙类（手盗龙类的另一个支系）之间的形态差距。与德国的始祖鸟相比，赫氏近鸟龙的飞羽相对小，羽轴纤细，羽片对称，尖端钝圆，反映特征更原始；近鸟龙的足羽，结合现生羽毛发育学资料，也被认为代表着鸟类演化过程中的一种原始状态。赫氏近鸟龙的飞羽与原始鸟类相比也显然不适于飞行。此外，赫氏近鸟龙极长的小腿通常被视为适于奔跑，但其长满羽毛的后肢又在奔跑型动物中很少见。这些表明恐龙向鸟类的转化过程是极其复杂的。

再比如赵氏翔龙，即古老的滑翔蜥蜴化石，是中国科学家在辽宁西部野外工作中发现的，是近年来在世界上引起广泛关注的辽西热河生物群中一个新的重大发现，是蜥蜴长达两亿多年演化历史中，目前唯一能滑翔的化石物种。这个标本长15厘米多，保存相当完好，有着完整的骨骼和皮肤印迹；身体两侧有8根长肋骨向体侧伸展，支撑着肋骨外的皮肤扩展开来，形成翅膀一样的翼膜。

研究表明，这种生活在距今约1.3亿年的丛林中的蜥蜴具有很强的适应能力，能在树林中攀爬，也能在空中滑翔飞行。这一发现，可能填补了滑翔行为在蜥蜴演化史上的空白。

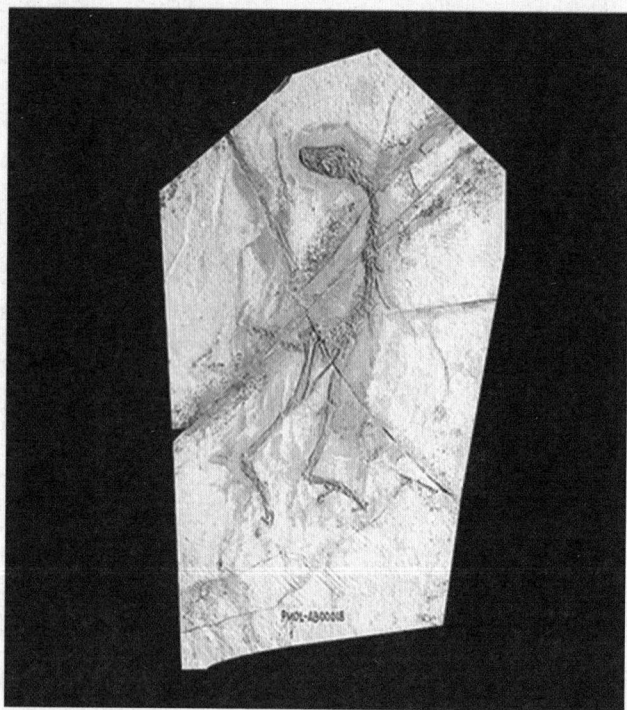

赵氏翔龙化石

又比如辽宁古果，属于古果科（该科包括辽宁古果和中华古果两种化石植物），它们的生存年代为距今1亿4500万年的中生代，比以往发现的被子植物早1500万年，被国际古生物学界认为是迄今最早的被子植物，就此为全世界的有花植物起源于我国辽宁西部提供了有力的证据。从辽宁古果化石表面上看，化石保存完好，形态特征清晰可见。

寻觅辽宁古果的过程，时间还要追溯到20世纪。1990年的夏天，孙革、郑少林等科学家在黑龙江鸡西地区发现了距今约1.3亿年的被子植物的化石。孙革教授从中分析出了13粒原位的被子植物花粉。美国著名孢粉学家布莱纳教授认为这就是"全球最早的被子植物花粉"，当时世界许多科学家认为，中国已经找到了打开达尔文迷宫的钥匙。在从1990年至1996年前后6年的时间里，孙革、郑少林等科学家在辽西留下了无数探索的足迹，洒下了更多艰辛的汗水，先后采集了600多块植物化石，从中发现了一些类似在蒙古发现的"似被子植物"，但真正可靠的被子植物还没能发现。

1996年11月的一天，一位刚从辽西野外回来的同事为孙革送来了3块化石。由于当时比较忙，所以他只是将标本暂时放到了抽屉里。两天后，当他在研究室里小心翼翼地打开用纸包裹着的化石时，他被眼前的第三块化石吸引住了。在这片化石上有一株貌似蕨类的分叉状枝条，其似叶子的部分呈凸起状，显然不同于常见的蕨类植物。50多岁的孙革怀疑自己是不是眼花了，他再用放大镜仔细观察，的确，在主枝和侧枝上呈螺旋状排列着40多枚类似豆荚的果实，每枚果实中都包藏着2~4粒种子。他又把化石置于显微镜下更加仔细地观察，可以清晰地看到，种子被保藏在果实之中。"这是确凿无疑的被子植物。"当晚，"辽宁古果"这个新的分类群便被确定了下来。

1997年的初春，课题组再征辽西，到达了发现化石的辽宁北票

辽宁古果化石

黄半吉沟。他们先后共采集到了1000多块化石，并从中发现了8块辽宁古果化石。1998年11月27日，《科学》杂志以封面文章发表了孙革等撰写的《追索最早的花——中国东北侏罗纪被子植物：古果》的论文，从而使辽宁古果终于得以在世界的注视下显露它的"庐山真面目"。

皇城四面楼角起

沈阳故宫博物院坐落在沈阳市沈河区沈阳路171号，体现了满族、汉族与其他少数民族艺术相融合的开创布局，是中国仅存的两大皇家建筑群之一，也是关外唯一一座皇家建筑群。

匾额与鹿角椅：天上人间诸景备

沈阳故宫博物院是各大类历史博物馆中比较特殊的博物馆，馆藏了很多清代皇家的用品，现在属于"镇馆之宝"的文物，其中两样尤其别具一格，一件是清太宗皇太极御用鹿角椅，另一件是金漆九龙"紫气东来"匾。

打江山，也要坐江山。制作一把品相极为高贵的龙椅，居坐其上，仿佛就是坐稳了江山。清朝时期的帝王一定是有这样的心理的。比如这把清太宗皇太极御用鹿角椅，当皇太极稳坐其上的时候，一定彰显出其龙颜之威。

据相关史料记载，皇太极曾经有3把鹿角椅，传说这些椅子都是用皇太极亲猎的鹿角制成的。《清太宗实录》记载了皇太极获取大鹿的一段史实：公元1631年，即后金天聪五年，皇太极亲自领兵去辽西攻打大凌河城，驻跸在大凌河城对面的一座山上，在山上搭盖黄幄和黄布城。皇太极在此指挥官兵，用刚刚制成的大将军炮、二将军炮轰击大凌河城。只见炮声隆隆，硝烟弥漫，震动山谷，山中野兽受惊吓四处逃窜，这时，一只大鹿竟然跑进皇太极大帐所在的黄布城内，不知所措地四处张望。皇太极将这只大鹿的到来看成是夺取大凌河城胜利的征兆，于是将它捕获，可谓"逐鹿"而成，后用鹿之相关角、皮、形制成鹿角椅。

鹿角椅，顾名思义，是用鹿角制成的座椅。它的外形有些像太师椅，全椅通高119.2厘米，椅座高57厘米。椅背为鹿角制成，其他部位为木制。椅圈是一副天然鹿角，围长184厘米，有两根主干和12个枝杈。其制作方法，是仿照鹿角的自然形态，巧妙地将鹿角反扣在方形底座上。而鹿角外展的4个枝杈自然形成座椅的靠背和两侧扶手。另在后靠正面和两侧各增加一个木靠背和两根支柱，以支撑和加固椅圈；鹿角分出的每个尖状的角枝，围护着座椅的周围，犹如一把把锋利的刀剑，让人望而生畏。

清太宗皇太极御用鹿角椅的靠背正中，精心雕刻着乾隆皇帝御制诗一首，是乾隆十九年（1754）第二次东巡盛京，拜谒祖宗山陵之后，瞻仰了太宗的座椅，乾隆不禁诗兴大发，遂赋诗抒怀，其诗曰："弯弧曾逐鹿，制器拟乘龙。七宝何须羡，八叉良足供。库藏常古质，山养胜新茸。那敢端然坐，千秋示俭恭。"落款为"乾隆甲戌秋九月御笔"，下方为乾隆连珠方印一枚。字为阴刻，工整秀丽。所刻诗句均有贴金，显得辉煌夺目、古朴明朗。

作为马背上的民族，女真人精于骑射，而且在外出狩猎或者外出交战时，若意外获得走兽或者飞禽，往往视为吉兆，所获猎物被视为上天恩赐。以鹿角作为座椅的配件，显示清朝满族皇室自身的民族特性，也成为入关后历代清帝制作座椅的模本。

清王朝的皇帝坐稳了江山，如何向"溥天之下，莫非王土；率

大政殿

清太宗皇太极御用鹿角椅

土之滨，莫非王臣"的"王的土地、王的臣民"来显示王者之风范呢？武之征伐、文之汉化便是两大招数。

满人的汉化首先从皇帝带头学习汉儒文化开始，遂而普及满族贵族以及其他满人，最终融合了一统汉化。其中学习汉字和练习书法成为清王朝康熙及其后世历代皇帝的日常功课，因此他们大都也成了书法家。这与有清一代推崇接受汉文化教育有直接的关系，每一位清代皇帝都接受了诸多汉儒老师的培养和训练。

仅就乾隆而言，他的书法从学习赵孟頫开始，真正做到了心慕手追，身体力行。且乾隆也是一位著名的旅游家，他游览名胜每到一处，作诗纪胜，御书刻石；在宫中、御园、名胜古迹、寺庙等几乎到处可见其墨迹，至今海内乾隆御碑甚多，其擅书之名流传普遍。其书体势紧密、稳健流畅、姿态朗逸、圆润秀发。

沈阳故宫是中国现存仅次于北京故宫的最完整的皇宫建筑，在建筑艺术上承袭了中国古代建筑的传统，集汉、满、蒙建筑艺术为一体，颇具特色。沈阳故宫凤凰楼上就有块乾隆御笔亲题的"紫气东来"匾。

此匾为木雕髹漆、镶铜字制成，匾外框浮雕云龙图案，上沿正中为一条正龙，两侧各有一条行龙，下沿中间为二龙戏珠纹，两侧各有一条行龙，左、右边框各有一条升龙，每条龙都生动灵活、栩栩如生，龙首均为圆雕制成，并安有金属丝龙须。匾内沿为深红色，匾心为洋蓝色平面，其上镶铜板制成的大字"紫气东来"，文字中央上部镶朱文篆书"乾隆御笔之宝"印玺。

此匾由清宫内务府制造，乾隆二十二年（1757）由京师送至盛京，一直悬挂于凤凰楼下。后因清理、保护收藏于沈阳故宫博物院匾额馆展厅。2019年4月此匾重新挂回凤凰楼正门，以恢复历史原貌，实现楼匾合一。

沈阳故宫博物院影壁

清金漆九龙 "紫气东来" 匾

紫气东来，汉语成语，比喻吉祥的征兆。传说老子过函谷关之前，关令尹喜见有紫气从东而来，知道将有圣人过关。果然老子骑着青牛而来。

《史记·老子韩非列传》："于是老子乃著书上下篇，言道德之意五千余言而去，莫知其所终。"司马贞索隐引汉刘向《列仙传》："老子西游，关令尹喜望见有紫气浮关，而老子果乘青牛而过也。"后遂以"紫气东来"表示祥瑞。清洪昇《长生殿·舞盘》中有云："紫气东来，瑶池西望，翩翩青鸟庭前降。"

这些关于"紫气东来"的说辞，都能印证"紫气东来"这句成语所指的吉祥的征兆这一寓意。紫气也指紫色的气，古人也认为紫色与当官有关，所以很多官服设计成紫色。很多书家都愿意书写"紫气东来"四个大字，适合于制成牌匾悬挂于书香门第的大门口上，表示祥瑞吉利，有好的征兆。

今天想来，乾隆皇帝御笔"紫气东来"九龙匾蕴含着丰富的历史信息和文化内涵，表达的是沈阳乃龙兴福地，沈阳故宫为"一朝发祥地"之皇宫，是福瑞吉祥的地方。金漆九龙"紫气东来"匾挂在沈阳故宫凤凰楼前，似乎也见证了清代皇宫、沈阳城乃至清王朝的兴衰历史，具有极高的历史价值、文化价值。

嵌珐琅缠枝花卉钵：世界上最奢侈的艺术品

说起清朝瓷器，特别是清康熙、雍正、乾隆三朝的瓷器发展，珐琅彩绝对会在历史上留下浓墨重彩的一笔，不论是制作程序还是用料，都是其他品种无法比拟的。景德镇素有"十件粉彩不如一件斗彩，十件斗彩不如一件珐琅彩"的说法，足见珐琅彩之珍贵与特殊。

此清乾隆款嵌珐琅缠枝花卉钵是清代乾隆朝宫廷陈设器。钵为平口，鼓腹，敛底，口沿突起镏金。口径为30厘米，腹部最大径54厘米，高33厘米。此钵之硕大，绝非常见的僧侣化缘所用的钵，应该是陈设于佛堂之用。

此钵通体由精细的掐丝珐琅工艺制造，口沿下为外蓝内红构成的一圈如意头图案，间以白色圆弧相衬，色彩明快；钵身为浅蓝色地，满饰绿、黄、红、蓝、白色缠枝花卉，构思精巧，层次鲜明；钵体肩部有一周八宝图案，以红、蓝、黄、白色珐琅釉分别绘制法螺、法轮、宝伞、白盖、莲花、宝瓶（罐）、金鱼、盘肠等传统八宝纹，造型生动，形象美观；八宝之下各有一朵盛开的番莲花，红、白、黄色花瓣构成巨大的番莲花擎托着其上的八宝，寓意"莲托八宝"，如意吉祥。莲托八宝纹是瓷器纹饰。绘缠枝莲花上托佛教法轮、宝拿、白盖、莲花、宝瓶、金鱼、盘长等八宝，流行于明清时期。这里解释一下盘长。盘长原为佛教法器，又称吉祥结。因为绳结的形状连绵不断，没有开头和结尾，用它来表示佛法回环贯彻，含有长久永恒之意。佛教中用此纹样象征庄严吉祥，常装饰在佛的胸前，表示威力强大。有时寺庙殿堂的屋檐也有装饰。

钵底部为红黄、蓝白四色双层荷叶纹，掐丝制荷叶脉络，异常生动形象。荷叶中心为镏金圆圈年款，錾刻阳文楷书"乾隆年制"四字两行图章款，字体粗壮，刚劲有力，光素镏金，极显皇家气派。

众所周知，"珐琅"是外来工艺名称的音译，其基本成分为石英、长石、硼砂和氟化物，与陶瓷釉、琉璃、玻璃（料）同属硅酸盐类物质。中国古代将附着在陶或瓷胎表面的称"釉"，附着在建筑瓦件上的称"琉璃"，而附着在金属表面上的则称为"珐琅"。所谓珐琅彩，即彩料，古代基本上是从外国进口来的。其构成是各种金

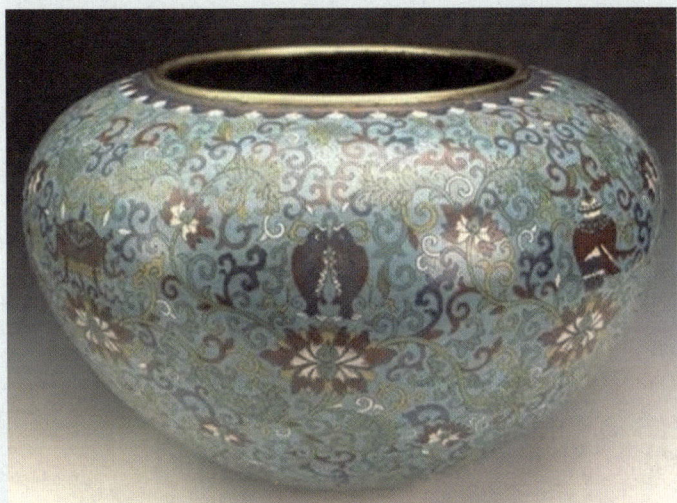

清乾隆款嵌珐琅缠枝花卉钵

属矿物质，经过化学提炼与配制而成。施在瓷器上面以前，即为有色粉末，这种粉末色调清新，鲜艳而稳定，红则红，绿则绿，烧后光泽鲜明光亮。

瓷器的文化历史源远流长，由原初的实用性向装饰性转变的过程中发生了很大的变化。在最初的设计布局上，瓷器上的纹饰还比较简单，一般都是由一些简单的线条勾勒而成，后来随着生活的丰富，装饰性增强，在瓷器装饰过程当中，可供选择的纹饰也越来越多，无论是纹饰选择还是构图布局都颇具匠心，富有浓厚的生活气息和民间风味，可谓"图必有意，意必吉祥"。人们开始将瓷器作为记录生活的载体。一些花鸟虫鱼、山水人物、宗教纹饰等都是常用的图案，以体现人们对美好事物的追求，反映社会审美情趣的变化。

而缠枝莲纹作为中国传统纹饰之一，也是最流行的瓷器纹饰。缠枝莲花花朵上下周转，莲花摇曳，花枝舒展，枝叶相互缠绕成图案形式，不仅精美典雅，更有生生不息、吉瑞绵延的美好寓意。这种纹饰兴起于宋代，在元、明、清三代非常流行，且被大量运用在陶瓷器面上，多与国瓷经典青花搭配，发色清新淡雅，构图舒朗有致，虽图案形态多有变化，但所衍生出的自然秀雅之美经久不息，令人时常回味。

珐琅工艺距今已有3000多年的历史，此项工艺于中国而言是"舶来品"，大约在13世纪末14世纪初，由元朝统治者通过连年的征战与扩张，把一种在阿拉伯地区比较成熟的掐丝珐琅工艺引进过来。到明代景泰年间达到高峰，当时产品多以孔雀蓝为主，习惯称为"景泰蓝珐琅"，简称为"景泰蓝"。到17世纪的时候，另一种珐琅工艺由欧洲商人及传教士经海路传入我国，在广东称作"烧青""广珐琅"或"洋珐琅"。明代传世珐琅以铜胎掐丝珐琅和錾胎珐琅为主流，还设立了机构——"御用监"专为皇家而制器。明代早期珐琅的掐丝和纹饰还保留较多元代的特点，纹样依然以缠枝勾莲、菊花、葡萄纹为主，同时也增加了龙凤穿花、狮子戏球、花蝶纷飞等花卉动物相结合的纹样；明晚期还出现少量人物、山水等纹样。

清朝康熙、雍正、乾隆三帝皆在北京皇宫造办处及广东两地设立珐琅作坊，所做珐琅制品皆供皇室享用。康熙二十年（1681），臧应选以工部郎中的名义，到景德镇驻厂督造瓷器，在他的主持下，将进口洋料与景德镇瓷胎相结合，康熙三十四年（1695），宫廷工匠开始将铜胎画珐琅的技法移植到瓷胎之上，并成功创烧出瓷胎画珐琅这一新的瓷品种，珐琅彩瓷诞生。

珐琅彩成为明清瓷"顶流"的主要原因，一方面是瓷器的制作过程由清廷直接监督，制作费用昂贵，选用最好的原料，集中最优秀的工匠和画师，选择最好的样品来进行生产。珐琅彩彩色繁多，有10多种，彩料绘制的花纹是堆起来的一层厚厚的料，有立体感，用手指可摸得到，非常艳丽美观。在历代瓷器中，珐琅彩瓷器造价最贵，艺术水平最高，是具有高度艺术价值的工艺品，被誉为"官窑中的官窑"。另一方面是珐琅彩瓷从创烧到衰落全部由皇家垄断不外传，属宫廷御用瓷器，只限于宫廷、王府玩赏，也有作宗教、祭祀的供器之用，被誉为"世界上最奢侈的艺术品"。

史前文明之花

——沈阳新乐遗址博物馆

沈阳新乐遗址博物馆位于沈阳市皇姑区黄河北大街龙山路1号，以原始社会新石器时代马架式建筑作为其造型创作的原始模型，经过成功的抽象和简化，用符合现代美的构图手段和现代建筑材料，塑造出既具有时代精神，又明确地体现着建筑主题思想的优美造型，展示着建筑自身的风格，成为沈阳人引以为自豪的一座建筑。

压印"之"字纹斜口器：夹砂红陶的"火簸箕"

在沈阳新乐遗址博物馆中藏有一陶器，被称为"压印'之'字纹斜口器"，造型简约粗糙，属于夹砂红陶制品。虽是古代新乐先民的生活用品，但其制陶技术在当时也是极为先进的了。

考古报告习惯上把古代先民在陶器表面所施行的一种连续曲折的、状如汉字"之"字形的纹饰，称为"之"字纹。这种纹饰绝大多数都施于陶罐上。"之"字纹形状亦不尽相同，按施行的方法来分，大体上可分为刻画和压印的两大类；按施行的方向来分，可分为横"之"字纹和纵"之"字纹；按其构成的线条特征来分，则可分为直线"之"字纹和弧线"之"字纹等类型。如按压印工具的不同来分，则压印的"之"字纹又可分为连线"之"字纹和篦点"之"字纹等。

压印"之"字纹斜口器属于沈阳地区发现的新乐下层文化的代表性器物，距今6800~7200年，属于夹砂红陶。器身细长，通高20~30厘米，深腹不外鼓，小平底，器物口沿外表饰宽凹带，口沿下1.6厘米处饰有斜线锥刺纹，隔4厘米竖压56道"之"字纹，在11.6厘米下面横压14道"之"字纹。1978年在沈阳新乐遗址下层房址出土。出土时为残片，现已修复，口沿有小部分残损，基本完整。为古代人的生活用具，其用途为保存火种，或做簸箕和撮子。

据相关资料显示，新乐遗址出土了近800件个体陶器。目前，如此数量的陶器，在同时期部落遗址考古发现中是比较少见的，这说明远在7200多年前，新乐人在陶器制作上已达到相当高的工艺水平，纹饰比较简约，但器型多样，具有生活实用性。

新乐遗址出土的"火簸箕"大都是1973年第一次试掘和1980年第三次抢救性发掘时发现的。大体都是敞口、斜壁、小平底，有的斜口呈"凹"形，有的斜口呈"U"形，总体为簸箕状。典型的高31厘米，一侧斜口如簸箕，口沿外侧作两条"之"字纹带。"火簸箕"大多发现在"边灶"旁，这为"火簸箕"的用途研究提供了新线索。有人认为是盛水的，有人认为是采果的，还有人认为是当簸箕或撮子用的。由于"火簸箕"发现在火塘边，可进一步证明这类器物是用来移置火种或撮灰用的，所以学界通俗地称它为"火簸箕"。新乐遗址出土的"火簸箕"，其簸箕形设计更有利于火种的贮存、移置与播撒，同时这种红夹砂陶还有耐高温等特点，因此在人类用火史上占有重要位置。

太阳鸟雕塑

压印"之"字纹斜口器

木雕鸟纹权杖：典雅古朴熠熠生辉

目前保存在新乐遗址博物馆的木雕鸟纹权杖为复制品。

这件精美而别致的木雕物件被定名为"木雕鸟纹权杖"，1972年出土于沈阳新乐遗址，是我国迄今为止发现最早的木雕艺术品，距今约7200年。这件艺术品因7200年前的火灾而炭化，得以保存至今，十分难得。这件木雕，全身由嘴、头、身、尾、柄五部分构成。长38.5厘米，宽4.8厘米，厚1厘米。上半部扁平，通体双面雕刻相同的纹饰，局部镂雕。下半部呈圆柱形。其造型考究，弯喙长尾、鱼目麟羽，线条流畅，刀法简捷，考古学家认为它应该是女酋长的权杖。从外观看，它形似一只神鸟，栩栩如生，振翅欲飞，又被称为"太阳鸟"木雕。

有专家认为，这件木雕鸟纹权杖是沈阳地区新乐先民们的鸟类图腾的物件符号，从审美角度看，雕刻的图案已呈现出高度的视觉美感，这为人们还原新乐先民的精神世界带来无尽遐想。

权杖，属于权力象征器物，古代权杖其权力属性较为复杂，涵盖了父权、巫神权、军权、王权、君权等。

权，繁体字为"權"，始见于战国文字，古字形从木藋（guàn）声。《说文解字》认为"权"是一种树的名称，即"黄华（花）木"。黄花木，因其坚硬、难以变形，被用于秤之杆、锤之柄、拄之杖，引申为衡器。

"权"字后用来表示秤、秤锤，秤锤用来衡量重量，故"权"又引申指衡量，又指权力、权利、权势。

简单地从"權"这个繁体字面上看，我们似乎可以这样猜想，古人可能用这种"黄华木"做秤杆，而秤杆就成为可以衡量物之轻重的权威，于是衍生成"权力"。

如果简单地从"權"的简体字"权"上看，也是很有意思的事情，"权"字，木又结构，又字属于象形字，甲骨文字形象右手形，从"又"的字多与手的动作有关。现在想来，造字的人是多么有智慧，手里拿个木棒，这是多么威武，多么有权势啊。

从这物件的"鸟"型上看，与古代沈抚地域满族传说的"神鹊"图腾冥冥暗合，同时，又可以猜想为庄子《逍遥游》中神话故事所描写的鹏鸟："北冥有鱼，其名为鲲，鲲之大，不知其几千里也，化而为鸟，其名为鹏。"鹏鸟是鸟的一种，也有说是凤凰的，它的体态比一般的鸟大，尾部修长美丽，飞起来犹如凤起，很是壮观。古时候，人们一直把大鹏鸟当作祥鸟、神灵来对待。大鹏鸟头大尾长，形体深厚，嘴阔可吞山河，气象万千，意气风发。其身上的羽毛排列整齐，身体修长，令人膜拜敬仰。

于是，沈阳人又将其命名为"太阳鸟"，并以此"木雕鸟"放大、变形，又融汇了中国战国时期的钟鼎文化，制作成大型的城市雕塑，典雅古朴熠熠生辉，承古喻今振翅翱翔！

木雕艺术品（复制品）
Woodcarving Artwork (replica)
木质·下层文化·新石器时代

木雕鸟纹权杖

一览中国金融发展史

——沈阳金融博物馆

沈阳金融博物馆位于沈阳市沈河区朝阳街少帅府巷46号，地处张学良旧居东侧，其原址为张氏父子的私家银行——边业银行。占地面积7000多平方米，其中展览面积5100平方米，主体建筑分两层，由7部分组成，有序厅、东北金融发展史、货币的故事、金融主题公园和交流展览等。沈阳金融博物馆集科学性、知识性、趣味性和观众参与性为一体，共展出古今中外各类展品1200多件，其中很多都是珍贵的金融文物。

沈阳金融博物馆是目前国内同类型博物馆中规模大、内容丰富、陈列形式与观众参与项目多样的专题博物馆。

该建筑由德国设计师设计，1930年建成，1996年列入全国重点文物保护单位。2006年12月1日，沈阳金融博物馆对外开放。

券票与金币：近代金融业发展的珍贵遗存

在沈阳金融博物馆中收藏一种清代台南官银票壹圆券和清光绪丙午年（1906）造大清一两金币。

清代台南官银票壹圆券为清代文物。该件文物为竖式，正名为"台南官银票"，发行机构为"官银钱票总局"，发行日期为"光绪廿

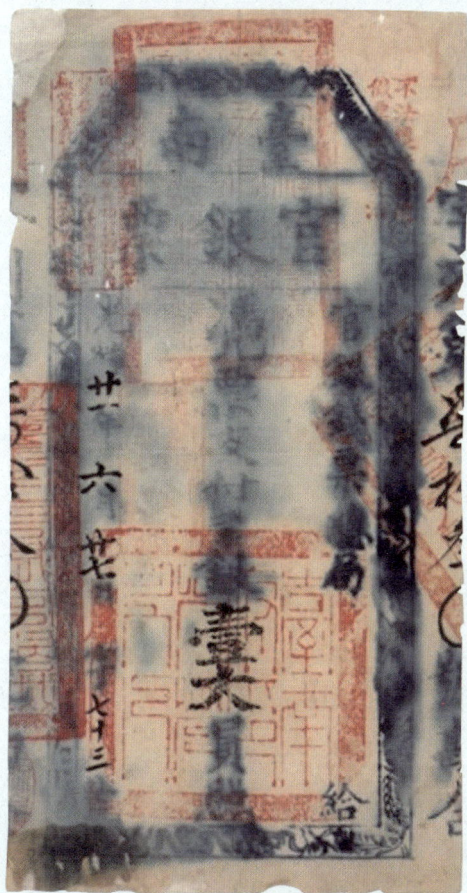

清代台南官银票壹圆券

一年六月廿七日"，中间竖书"凭票支付七三平银壹大员照给"，右上角还有防伪戳印"不法棍徒行用假票军法究治"。

清光绪二十一年（1895），在中日甲午战争中失败的清政府签订了屈辱的《马关条约》，割让台湾给日本。清军爱国将领刘永福率领台湾民众奋起反抗，并立下誓言："愿人人战死而失台，决不愿拱手而让台。"在抗战期间，台南因现银少，军需粮饷十分缺乏，遂在台南设立官银钱总局，发行了壹大圆、伍大圆、拾大圆三种面值的台南官银票，银票除一般做官私款项、赋税贸易之外，主要起筹划兵粮军饷之用，价值与当时台湾自铸银圆等同。此时，台湾和大陆东南沿海许多爱国民众纷纷解囊捐款支援抗战，但昏庸腐朽的清政府却限制他们对抗战的支持。刘永福与日军相持4个月，最终因兵单粮绌，孤军无援而失败。台南官银票也停止了使用，历时仅4个多月。它是我国历史上最早出现的以银圆为本位的钞票，在货币史上占有重要的地位。它的流通时间虽然短暂，却因见证了台湾军民为维护祖国领土完整、不屈不挠英勇抗击外来侵略的这段悲壮的历史而永载史册。

清光绪丙午年造大清一两金币亦为清代文物。光绪丙午年（光绪三十二年，1906）造大清金币库平一两样币一枚，K-1540/LM-1023，光边大云版。1906年户部天津造币总厂以纯金试铸，是中国唯一一次以中央名义制作的金币，因清政府藏金不足及金本位制未立而未发行，存世仅见丙午、丁未年号样币，存世寥寥无几，绝对是中国20世纪中最具象征意义的代表之一。

此币铸造精整规范，打制深峻精美，版底细腻洁净，正面设计高雅，云绕龙身；反面铭文雕刻精细。币面光滑，轻微经手痕迹，币缘几近无损。通体浅金色，币缘处有一丝橘色光彩，整体品相更为动人，光泽完美，状态极佳，向为顶级大藏家所追捧。

清光绪丙午年造大清一两金币

以往由于开采量低，黄金从未在中国通货上扮演重要的角色，也从未出现过正式流通的金币。甲午战败和庚子之变后，因赔款以黄金为计算标准，白银兑换黄金的下跌造成偿还时所谓的"镑亏"倍增，于是朝野急谋对策，再次有改革币制仿效欧美从速实施金本位之议。后来又由于"元两之争"与"金银本位"的各种主张不定，两款大清金币最终无疾而终。大清金币的制成数量尚未见诸文献。

　　这枚金币是中国近代机制金币的开山之作，是近代机制币收藏中的大名誉品，也是反映晚清时期金融货币改革的珍贵实物遗存。

看时光留下大海的印记

——大连博物馆

　　大连博物馆位于大连市星海湾广场西北侧，大连市沙河口区会展路10号。是一座收藏、展示、研究大连地区历史文化的综合性博物馆。1999年11月动工建设，2002年3月对外开放。主体建筑地上四层，地下一层。馆藏文物1.6万件（套），其中珍贵文物150件（套）。"近代大连"基本陈列面积3000多平方米，表现1840年至1949年近代大连历史主题，内容分为"旅大的开发与海防建设""中日甲午战争中的旅大""俄国租借旅大与港口城市的形成""日俄战争与日本殖民统治""多元文化的交流与融合""近代大连人民的反抗斗争"和"大连解放与人民政权的建立"7个单元，展出文物1300余件，历史照片及图表800余幅。"近代大连"是全面展示城市百年历史的综合陈列，是人们了解近代大连历史文化的窗口。

北洋保障碑：一代名将功德碑

　　北洋保障碑是1892年北洋海军旅顺水师营官兵为丁汝昌树立的德政碑，花岗岩石质，高160厘米、宽62厘米、厚16厘米。碑文内容为"北洋保障""头品顶戴北洋海军提督统领全军西林巴图鲁军功加八级记录五次丁帅号禹廷印汝昌德政""大清光绪岁次壬辰巧月中浣吉日旅顺水师营合营两翼官员催兵等公仝敬立"。

石碑周边环饰缠枝花卉。北洋保障碑实际上是一通功德碑，记述的主人是中国历史上第一支具有近代意义的海军舰队北洋海军提督丁汝昌。

丁汝昌（1836年11月18日—1895年2月12日），原名先达，字禹廷、雨亭，安徽庐江人，后迁巢县（今安徽巢湖）。中国晚清北洋海军统帅，官至北洋水师提督。

丁汝昌在任职期间对北洋海军和北洋海防的建设有所建树，一生在时代背景的无奈下黯然落幕。丁汝昌去世之后，其牌位入祭保定淮军昭忠祠。在李鸿章筹建保定淮军公所之际，丁汝昌积极响应捐资，直至今日，保定淮军昭忠祠前院东廊墙壁捐资碑上还镌刻着"北洋海军提督丁汝昌捐银伍佰两"的字样。

北洋保障碑的出现时间是1892年，这是丁汝昌频繁率领北洋海军舰船往返旅顺与威海，军中士气正旺的时候。正是因为丁汝昌在统领北洋海军中的德政行为深得官兵的赞许，驻扎在旅顺的北洋海军旅顺水师营地的官兵遂集体出资刊石，为其恭立纪念碑，并不惜赞誉之词，称其为"北洋保障"的良将之才。

需要说明的是，在早于此碑出现之前的1890年，威海刘公岛上的绅商出资为丁汝昌立一通功德碑，上书"柔远安迩"四字，由此可知丁汝昌在当时军民中的威信非他人所能比肩。

据考，北洋保障碑早年立于旅顺港偏西北侧的"海军公所"门前，在日本殖民统治时期，被辗转收藏于旅顺博物馆。如今，此碑落脚安放在大连博物馆，见证着一代名将丁汝昌献身我国近代海军事业的功绩。

北洋保障碑

"上游型"蒸汽机车：工业实物的文化景观

"上游型"蒸汽机车是1973年4月由唐山机车车辆厂制造的蒸汽机车，由大连机车车辆厂与唐山机车车辆厂联合设计。车身长21.5米，高4.2米，宽3.3米，装煤量11.5吨，装水量25吨，时速为80公里，属于"上游型"系列，是专用于工矿企业以及调车、小运转作业而设计的机车型号，也是中国工矿用蒸汽机车中数量最多、应用时间最长的一种。

2012年，大连现代博物馆（大连博物馆原名）获悉大连金州重型机器有限公司有一辆蒸汽机车将被电力机车取代并将被废弃，便提出了征集的意愿。如今，陈列在大连现代博物馆门前广场的蒸汽机车已成为大连市一处重要的文化景观。

"上游型"蒸汽机车是大连机车车辆厂与唐山机车车辆厂于1959年联合设计的，曾命名为"工农型"。1960年在唐山厂制造时又做了部分修改，改名为"上游型"，取力争上游之意，代号SY。自1999年编号为1772的最后一台"上游型"蒸汽机车出厂后最终停产，累计制造了1769辆，而现代博物馆收藏的这辆蒸汽机车就是其中的第652辆。

"上游型"蒸汽机车

万物有灵，生生不息

——大连自然博物馆

大连自然博物馆位于辽宁省大连市沙河口区黑石礁西村街40号，是一座集地质、古生物、动物、植物标本收藏、研究、展示于一体的综合性自然科学博物馆，始建于清光绪三十三年（1907）。新馆为现代欧式建筑，建筑面积1.5万平方米，展览面积1万平方米。截至2019年末，大连自然博物馆有藏品150297件，珍贵文物513件。截至2022年8月，大连自然博物馆有各种标本近20万件，珍贵标本6000余件。馆藏特点是海洋生物标本和热河生物群化石标本，其中海兽标本20余种，其种类和数量在国内自然史博物馆中是最多的，包括重达66.7吨的黑露脊鲸标本。2020年12月，大连自然博物馆入选第四批国家一级博物馆。

小化石与大标本：两种动物的划时代意义

在大连自然博物馆中有两件馆藏品非常有意思，一种是小型的鹦鹉嘴龙（一窝）化石，一种是堪称庞然大物的北太平洋露脊鲸标本。

小化石——鹦鹉嘴龙（一窝）化石标本发掘于辽宁省义县陆家屯，距今约1亿2500万年，是迄今为止世界范围内发现的个体数量

鹦鹉嘴龙（一窝）化石

大连自然博物馆俯瞰

最多、保存最完整的一窝恐龙化石，由34条鹦鹉嘴龙幼体和1个成年鹦鹉嘴龙个体组成。幼体平均长度在23厘米左右，其头骨愈合疏松，骨缝明显，是一群刚出生不久的幼崽，它的发现证明恐龙具有育幼行为。

鹦鹉嘴龙是小型鸟脚类恐龙，体长约1~2米。两足行走，头短宽而高，吻部弯曲并包以角质喙。颧骨发达，高向外伸。外鼻孔小；前额骨位于鼻骨以下；下颞颥孔宽阔；枕骨孔发达，大于枕髁两倍。在上颌和下颌上各有7~9颗牙齿。齿缘较光滑，齿根长，齿冠低。牙齿为三叶状，齿冠中棱前各有2~4个小脊。颈很短，颈椎6~9个。脊椎13~16个，荐椎5~7个。乌喙骨较小，其上之乌喙孔不封闭。肠骨细长，肠骨上缘的棱脊粗壮。坐骨发达，略呈弯曲状。前肢比后肢略短，前足有四块腕骨，第四趾退化，第五趾消失。股骨比胫骨略短，跖骨约等于胫骨的1/2，后足仅第四趾退化。这种小型恐龙在我国分布较广，时代为晚侏罗纪至早白垩纪。鹦鹉嘴龙的嘴很像鹦鹉的嘴，故而得名。

鹦鹉嘴龙是非常早的角龙下目恐龙，它们独自发展出许多特征，也有许多与较晚角龙类相同的生理结构特征，例如原角龙以及三角龙。鹦鹉嘴龙不如它的远亲三角龙广为大众所知，但它们是已知最完整的恐龙之一。已发现超过400个个体，包括许多完整骨骸。许多不同年龄层的化石，从幼体到成年体都有，使得许多研究可以研究鹦鹉嘴龙的成长速度。鹦鹉嘴龙大量的化石纪录，让它们成为中亚早白垩纪沉积层中的标准化石。

馆内另一重要展品是一件大标本——北太平洋露脊鲸标本，体长达18米，体色蓝黑色，腹面有白云状斑块。背部宽大无背鳍，下颌强拱形，上颌俯视极窄。露脊鲸分布于北太平洋，包括我国黄海、东海及南海东部。游泳速度极慢，孕期约12个月，一胎一崽。食性

北太平洋露脊鲸标本

很窄，几乎只食浮游的桡足动物，鲸须特别密，像很细的筛网。此标本1977年采于黄海北部海域，雌性，全长17.1米，体重约66.7吨，为中国最重的鲸类标本。

北太平洋露脊鲸是鲸目露脊鲸科真露脊鲸属哺乳动物，又称露脊鲸、比斯卡恩露脊鲸。该鲸体型肥大、粗短；头大，头部上下长有黄色、白色或红色的粗糙皮疣；上颌背面观很窄，下颌侧面呈显著弓形弯曲；须板细长而柔软，每侧200~270片；呼吸孔2个，略呈"八"字形，相隔很远；腹部平滑无褶沟；无背鳍，鳍肢短而宽阔，略呈铲状；尾叶宽，向两端渐尖，后缘平滑，中央凹刻明显。

北太平洋露脊鲸现被列入《濒危野生动植物种国际贸易公约》（CITES）附录Ⅰ，被认定为中国国家一级保护动物，被《世界自然保护联盟濒危物种红色名录》（IUCN）列为濒危（EN）物种，可见馆里所藏标本之珍贵。

一个旅顺口，半部近代史
——旅顺博物馆

　　旅顺博物馆位于大连市旅顺口区列宁街42号，1917年4月正式对外开放，现有主馆和分馆两个建筑主体。主馆建筑为近代折中主义风格，建筑面积6000多平方米，现为全国重点文物保护单位，其基本陈列为"化土成玉——旅顺博物馆藏陶瓷艺术精品展""黄沙下的永恒——旅顺博物馆藏新疆干尸展""久久为功——明清雕刻艺术精品展""宝相庄严——旅顺博物馆藏中国古代佛教造像精品展"等。

　　分馆于2000年建成，面积约5000平方米，基本陈列以大连出土文物为主，同时设有功能优良的临时展厅，每年组织专题性展览及引进外展。馆内现有藏品40万余件，其中珍贵文物6万余件，国家一级文物218件。馆藏佛教造像、箸文化以及晚清孙温所绘《红楼梦》画册展成为观众推崇的品牌展览，多次多地对外展出。

鼎——古代国之重器

　　如果说最初的鼎是由远古时期陶制的餐具演变而来的，那么，随着青铜鼎的出现，作为金属器皿的鼎逐渐成为古人祭祀中的一种重要的礼器。古有禹铸九鼎的传说，鼎就从一般的炊器而发展为传

参观请走
观众通道

旅顺博物馆

西周吕鼎

吕鼎铭文

国重器。国灭则鼎迁，夏朝灭，商朝兴，九鼎迁于商都亳；商朝灭，周朝兴，九鼎又迁于周都镐京。历商至周，都把定都或建立王朝称为"定鼎"。有关资料显示，在周代，"天子九鼎，诸侯七鼎，卿大夫五鼎，元士三鼎"等使用鼎的数量规定，逐渐演化成社会人的等级、身份、地位的标志，再之后，也就变成了王权的象征和国家的重宝，鼎也便成了文化的载体和中华文明的历史见证。

在旅顺博物馆中藏着一件吕鼎，通观此物件，为古朴、厚重的青铜器，也是一件周穆王（前976—前922在位）时期遗存的国宝。器形是少见的长方形，高19.3厘米，口长16.8厘米，口宽12.2厘米，1955年购藏。口缘平宽外卷，立耳，深腹，腹壁斜收，腹部四角有扉棱，四柱足。器腹四面图案均同，上部为垂冠鸟纹，中间饰T字形云雷纹，另有三排乳丁纹。足根饰兽面。器内壁刻有铭文"唯五月既死霸，辰在壬戌，王于大室，吕延于大室，王赐吕三卣，贝卅朋，对王休，用作宝，子子孙孙永用"等45字，考古专家得以揭秘这件重器的前世今生。同时，它也是目前已知青铜器中同时具备年、月、月相、干支日四要素的两件标准器之一，具有较重要的史料价值，《三代吉金文存》等著录。

田猎龟甲——穿越千年的朋友圈

在中国商朝晚期，王室用于占卜记事而在龟甲或兽骨刻文，今天我们称为甲骨文，而龟甲或动物的肩胛骨则是那时候人们所用的书写文字符号的重要工具。经考据，刻写在甲骨上的文字符号，一般是占卜之辞或有记载战争之事的内容。

发现甲骨是晚清以后至民国时期的事情，故事也蛮有意思的，

田猎龟甲

在这里就不复述了。在大连旅顺博物馆馆藏一件龟甲，现称"田猎龟甲"，大约为商朝（约前17—前11世纪）之物，长20.45厘米，宽10.65厘米，厚0.85厘米，由若干碎片拼接而成，仍有部分残缺。出自河南安阳小屯。

"帝辛（商纣王）巡（安抚镇压）小甲"，据考古专家破译，上面记载了商代晚期诸侯叛乱，王向甲骨问卜的卜辞大意：商王卜问往来宫、曹（wèi）等地，是否会有灾祸。此片甲骨契刻整字258个，残字4个，字数在现存龟甲中位居第二。卜辞涉及当时政治生活与地理交通状况，极具史料价值。作为日本汉学家岩间德也的旧藏，它又被学术界称为"岩间德也大龟甲"或"岩间大龟"。

《竹石图》与《阳羡帖》：一图一帖亦珍品

旅顺博物馆馆藏中还有两幅名品，一是《竹石图》，一是《阳羡帖》，分别简介如下。

《竹石图》为元代刘秉谦所作，全画纵147.7厘米，横78.7厘米，绢本设色，1957年由大连周士显捐藏。全图以墨色和汁绿为主，绘湖石及掩映石后的双钩竹篁。结构灵秀多姿，勾染精妙利落，是画家传世孤本精品。署款"至正乙未春寿阳刘秉谦为克明宪掾作"。钤"秉谦""刘氏之益""冰雪相看"三印。"至正乙未"为至正十五年，即公元1355年。

刘秉谦，生卒年不详，生活于元顺帝时期，字益，元代寿阳（今山西寿阳）人。画家。擅墨竹，尤精双钩竹。用笔遒劲圆健，所绘双钩竹枝叶繁而不乱，设色淡雅，密而不塞，合于法度，老干嫩梢、枯枝残叶刻画入微。其作品元气淋漓，天真烂漫。《竹石图》画

《竹石图》

竹石的风雨变化，追求天趣。竹干以中锋运送，略呈飞白笔法，由根至梢，粗细得体，笔意相属，竹叶顺枝而出，浓淡相叠，以现向背，用笔挺劲洒脱，而俱在法度之中。

《阳羡帖》是宋代苏轼（1037—1101）之作，纸本，纵27.5厘米，横22.6厘米，全卷68字。然字里行间风流胜赏。其书体刚健婀娜，绵里藏针，足见其秀伟之气，系苏氏晚年手笔，为致友人信札。《阳羡帖》所记述内容为苏轼"买田阳羡吾将老"的历史事实，字形也基本符合苏轼晚年风貌。另有元代郭界、陆友，明代沈周、崔深、项元汴，清代元揆及弘历收藏印67方。

《阳羡帖》著录于《石渠宝笈续编·乾清宫》。据载引首原有乾隆帝书御制诗，后幅有元末明初僧人来复、董其昌、项元汴三人题跋。《阳羡帖》为清宫散佚之物，流传经历与《洞庭中山二赋》颇为相似，卷后仅剩来复跋文，余题尽失。关于此本的真伪，近代一直存有争议。徐邦达、杨仁恺、劳继雄等先生都在著述中阐明此帖为原迹"廓填本"。

（本文照片及相关视频由旅顺博物馆提供）

東坡公文章節義高一世在
宋熙寧元豐間已為天下學者
師師表故其遺篇斷簡流傳
至今觀者莫不興起此帖延若
錢濟明縢書纔五十餘言剛毅
之氣精可想見實是帖者當知
公之所存看不待華畫之精
而後傳也
洪武四年歲次辛亥七月晦日
靈隱毗丘　東後謹題

《阳羡帖》

钢铁之城的前世今生

——鞍山市博物馆

鞍山市博物馆坐落于鞍山市千山中路41号，地处鞍山市玉佛苑景区。占地约10000平方米，馆内建筑面积7400平方米，展览面积3800平方米，现为国家二级博物馆。博物馆外形为仿古式建筑，灰色砖瓦，内设4个基本陈列展厅和1个多功能厅、库房、办公区域及休闲区。馆藏文物万余件，种类丰富，其中国家三级以上珍贵文物近千件，在省内同级博物馆中名列前茅，分为陶瓷、铜器、书画、木器家具、玉器、漆器、金银器、古钱币等11个类别，尤以明清家具最为珍贵。其中馆藏珍品为清宣统款粉彩夔凤穿花纹碗、红雕漆勾莲纹地开光博古图海棠式盒等。

一瓶一壶：瓷器中的翘楚

鞍山市博物馆中馆藏的瓷器在辽宁地区博物馆馆藏的瓷器类别中比较特殊，特别要提到的是其中的一瓶一壶。

一瓶，即清代开片贯耳大瓶，直口内收，长颈贯耳，溜肩折腹，假圈足，足端无釉，器身为灰釉开片纹，内壁开片到颈，底为三行六字，"大清乾隆年制"篆书款。开片釉（即裂纹釉）为瓷器的一种特殊装饰，开片又称冰裂纹，按颜色分有鳝鱼、金丝铁线、浅黄鱼

清代开片贯耳大瓶

绿地粉彩勾莲纹开光茶壶

子纹，按形状分有网形纹、梅花纹、细碎纹等。

一壶，即民国仿嘉庆款绿地粉彩勾莲纹开光茶壶，口径11.2厘米，足径7.8厘米，高12.5厘米，圆盖，圆口，扁腹凹底，器身为粉彩缠枝花卉，底为"大清嘉庆年制"款识。辛亥革命后，为了维持中国瓷业在国内外市场的需要，涌现了大量仿古瓷，此粉彩瓷即现于此时，是民国时期仿品研究的重要器物。

尽赏满族文化风情
——辽宁岫岩满族博物馆

辽宁岫岩满族博物馆坐落在鞍山市岫岩阜昌路133号，是中国第一座满族博物馆。自1985年建馆以来，已征集满族文物3000余件。

岫岩满族博物馆馆藏文物相当丰富，上起远古人类初始阶段使用的简单石器，下至清末社会生活中的各类器物，包括书画、丝绣、铜器、陶瓷、铁器、货币等等。新石器时代的北沟遗址出土的三环足器与山东龙山文化同类器物相同；城南遗址出土西汉早期的4件耒耜，填补了国内空白；辽金时期的定窑瓷器白釉莲花粉盒和瓜棱提梁注壶分别被评为国家一级和二级文物；清代的补子、诰命书等都彰显了岫岩历史文化的深厚底蕴。

馆藏的金缠枝番草纹刻"贵德州"款铜镜，为金代物品。铜镜镜面磨光，镜背中间为镜钮，镜钮饰有一周菊瓣纹，在菊瓣纹四周饰有六朵缠枝牡丹花纹，环绕镜钮，花纹的外围为一圈弦纹，在铜镜的边缘刻有"贵德州司验讫"字样。

清走兽纹丝织武官补子

《奉天诰命》长卷：缂丝工艺的杰作

辽宁岫岩满族博物馆传世文物厅内有一件清代乾隆年间的《奉天诰命》长卷，这帧长卷历经近300年的沧桑，依旧颜色鲜艳、质地良好。此《奉天诰命》为丝织品，卷轴形，轴宽33.5厘米，长308厘米，正面采用当时非常先进的缂丝工艺制成，上面均匀地分布着如意云纹图案。正面左侧为金黄色，上书满文；右侧为灰白色，上书汉文，楷书。两部分文字之后均盖有不同文字"制诰之宝"朱红方印。卷轴右部由上至下篆书"奉天诰命"四字，字体较大，两端为满、汉文"奉天诰命"字样，各绘两条行龙于字之两侧。

这帧十分罕见的清代王制诰命长卷是1975年在岫岩兴隆乡发现的。据《岫岩县志》（1928年版）记载，关于《奉天诰命》长卷有一段故事：乾隆十六年（1751）间，有位满洲正白旗人名叫彰武太，当时任马甲（即士兵），陪同乾隆皇帝打猎时，途中遇到两只猛虎，在这突如其来的危险时刻，彰武太表现得非常勇敢，他先用火枪打死一只老虎，当另一只老虎向他们扑过来时，他来不及开枪，就用枪杆猛击老虎咽喉，老虎当场毙命。乾隆皇帝大悦，嘉奖其为锦州副都统，后因彰武太政绩突出，乾隆皇帝封其父为"贤政大夫"，封其母闫氏为"夫人"。这也就是目前岫岩满族博物馆里这件传世之宝《奉天诰命》文书的由来。长卷对研究清代历史的珍贵价值不言而喻。

制曰臣能宣力愛勞固賴於嚴親

子克承家令善多由於慈母爾

駐防秀巖城守尉張古泰之母

閭　氏柔順為儀賢明著範

當弧矢懸門之日瑞應虎臣迨

干城報國之年恩沾鳥諮茲以

覃恩贈函為夫人　於戲貴翟車

而煥承寵命祗承摛彤管而揚

徽遺型益永

《奉天诰命》长卷

自然与历史的结合

——抚顺市博物馆

抚顺市博物馆是抚顺地区规模最大、藏品最丰富的社会历史类博物馆，坐落于抚顺市新抚区南二路1号。1973年，抚顺市博物馆正式成立。博物馆占地面积为115000平方米，立体建筑为1983年所建1100平方米的3层砖混几何形楼房。

馆内有馆藏文物2000余件，分陶器、瓷器、铜铁器、石器、兵器、珠宝玉器、金银器、竹木器、皮棉毛、骨蚌、书画等11大类。藏品以本地区出土文物居多。清代文物在馆藏文物中占相当的比重。

金龙袍：一代帝王服装秀

抚顺市博物馆馆藏的清光绪御用明黄缂丝五彩云蝠寿金龙袍，堪为帝王服装的上品，身长125厘米，袖长56厘米。无领，马蹄袖，四开裾式长袍。彩绣缂丝，刺绣金龙九条，前胸、后背分别为一条正金龙，肩部、袍下面前后分别有行龙共计九条龙纹。从正面或背面看时，均可见五条金龙，恰与九五之数相吻合。袍面间绣五彩祥云、蝙蝠、福、寿、十二章（日、月、星辰、山、龙、华虫、宗彝、藻、火、粉米、黼、黻）等传统纹饰。下摆处饰斜向排列红、黄、

清光绪御用明黄缂丝五彩云蝠寿金龙袍

蓝等色弯曲的线条，名谓水脚。水脚之上饰波涛翻滚的水浪，隐含着"一统山河"和"万世升平"的寓意。此金龙袍为清光绪皇帝御用之袍。

清代皇帝服饰品类有朝服、吉服、常服、行服等。皇帝所穿的龙袍属于吉服范畴，比朝服、衮服等礼服略次一等，平时较多穿着。

皇帝朝服的颜色以黄色为主，以明黄为贵，只有在祭祀天时用蓝色，朝日时用红色，夕月时用白色。朝服的纹样主要为龙纹及十二章纹样。一般在正前、背后及两臂绣正龙各一条，腰帷绣行龙五条，襞积（褶裥处）前后各绣团龙九条，裳绣正龙两条、行龙四条，披肩绣行龙两条，袖端绣正龙各一条。

清朝皇帝的龙袍绣有九条金龙，位置为：前胸和后背分别有一条正金龙，下面前后分别有两条行金龙，肩部左右两侧分别有一条金龙，右面内襟里面还有一条行金龙。

龙袍上除了龙纹，还有十二章纹样，其中日、月、星辰、山、龙、华虫六章在衣上；其余六种藻、火、宗彝、粉米、黼、黻在裳上，并配以五色祥云、蝙蝠等。它们分别代表了不同的含义："日月星辰取其照临；山取其镇；龙取其变；华虫取其文；宗彝取其孝；藻取其洁；火取其明；粉米取其养；黼若斧形，取其断；黻为两己相背，取其辨。"

这些各具含义的纹样装饰于帝王的服装，喻示帝王如日月星辰，光照大地；如龙，应机布教，善于变化；如山，行云布雨，镇重四方；如华虫之彩，文明有德；如宗彝，有知深浅之智，威猛之德；如水藻，被水涤荡，清爽洁净；如火苗，炎炎日上；如粉米，供人生存，为万物之依赖；如斧，切割果断；如两己相背，君臣相济共事。总之，这十二章包含了至善至美的帝德。

龙袍的做工相当精细，所用线也非日常所见到的金线或者丝线，尤其缂丝工艺目前很难仿造。清代宫廷服饰衣料的生产大多来自江南三织造，即江宁（南京）织造局、苏州织造局和杭州织造局，极少部分由京内织染局织造。江宁善于织金妆彩以及倭缎、神帛的织造；苏州的缂丝、刺绣工艺最精；湖丝的品质最为优良，如绫、罗、纺、绉、绸等多由杭州织造。

青铜矛：知谁作蛟龙吼

抚顺市博物馆馆藏的秦"三年相邦吕不韦造"青铜矛，1993年于抚顺刘尔屯出土。长15.6厘米，宽2.6厘米。矛叶较窄，矛身中部起脊，两侧自锋尖至骹处为狭长而均匀的刃，粗长圆骹，骹两侧有圆穿，用以插柲捆系。骹两面有铭文面刻"三年相邦吕不韦造，上郡守□高工龙，丞甲工□"，另一面刻"徒□"字。"相邦吕不韦"即秦相吕不韦，"三年"即秦始皇三年（公元前245），"上郡守"为地方行政官。秦始皇在公元前247年即位时13岁，政事由相国吕不韦执掌，此矛就是这个时候铸造的。矛上中央和地方两级督造者共铭器，实属罕见。

1993年，抚顺经济开发区村民在刘尔屯附近的浑河边筛沙时发现了4件青铜器，其中就有这件青铜矛。史料记载，战国时期，秦国的兵器制造业较发达，分为中央督造和地方督造两大系统，而这件青铜矛的铭文，既有中央督造者相邦吕不韦，又有地方的督造者上郡守□，实属罕见。

吕不韦（？—前235），姜姓，吕氏，名不韦，卫国濮阳（今河南濮阳西南）人。战国末年著名商人、政治家、思想家，官至秦国

秦"三年相邦吕不韦造"青铜矛

丞相。扶植秦国质子异人进入秦国政治核心，异人继位，为秦庄襄王，前249年以吕不韦为相国，封文信侯，食邑河南洛阳十万户，门下有食客3000人，家僮万人。

庄襄王去世后，年幼的太子政立为王，吕不韦为相邦，号称"仲父"，权倾天下。这件青铜矛铭文中的"三年相邦吕不韦"，应为秦王政三年，即公元前245年。研究发现秦国兵器刻辞从秦王政时代开始，题铭的格式已比较统一化、规范化了。

秦王政元年至十年这一段时间的刻辞，一律为相邦、工师、丞、工四级，这与抚顺市发现的"三年相邦吕不韦矛"刻辞相符合，也证明此矛的三年应为秦王政三年。抚顺西部地区在战国时属燕国辽东郡辖地。秦统一六国后，在全国推行郡县制，抚顺地区依旧属辽东郡管辖，但因秦在辽东地区未来得及展开大的筹划治理便灭国，所以遗存非常少。抚顺市一文物专家曾撰文指出，"三年相邦吕不韦矛"的发现，给秦代遗存在辽东地区的分布定下了一个十分重要的地点。20世纪80年代末期，考古工作者在距离刘尔屯西不远的沈阳东陵区上伯官屯古城址采集到一件带有秦篆字样的陶器残片，通过这两件秦代遗物推测，这一带是秦在辽东地区的一个重要戍守之地或是郡县所在地之一。可以说，"三年相邦吕不韦矛"的发现对于研究秦代时城市的历史具有十分重要的价值。

2004年，经国家文物鉴定委员会专家组鉴定，"三年相邦吕不韦矛"被鉴定为国家一级文物。

双耳红褐陶鬲：古人生活时尚食具

　　抚顺市博物馆藏商双耳红褐陶鬲，高42.4厘米，口径27厘米。于抚顺市孤家子遗址出土。陶鬲素面无纹饰，敞口，尖唇，近口沿处两侧置圆柱状耳，既做装饰用又可方便提拿。束腰，腰部用泥条堆塑链锁状附加堆纹起加固作用，并饰有桥状耳，下体为分档袋状尖足。鬲作为炊具，由甑与鬲组合而成，上部甑可存放食物，下部鬲储水，两者中间置箅，可以蒸食物。鬲在龙山文化中已出现。

　　鬲，原为烹饪用的厨具，后作为礼器流行于商至汉代。鬲的造型一般分上下两部分。上部用以盛放食物，称为甑，甑底是一有穿孔的箅，以利于蒸汽通过；下部是鬲，用以煮水，高足间可烧火加热。商代鬲多为圆形，直耳，侈口，束腰，袋状腹，腹下设锥足或柱形足，器体厚重。商早期花纹简单，晚期多用兽面纹装饰。西周除沿袭商代形制外，还出现了附耳，有的上下部可以分开，在下半部也加附耳，同时还出现了长方形鬲。春秋战国时，器身变薄，袋足消失，许多器物不再用花纹装饰。鬲在商代早期至西周晚期，基本上都是甑鬲合体的，春秋早期以后则多为甑鬲式。

　　商代的鬲一般甑部较深，比例上略大于鬲部，多为立耳。西周的鬲则甑部与鬲部的高度相差不大，附耳较多。西周中期开始出现方鬲。春秋以后，鬲的甑部多为大口斜腹的式样，即甑的底径要大大地小于口径。殷墟妇好墓出土的三联鬲，却是在1个长方形鬲部上置3个鬲，这是极个别的特例。除实用外，西周末春秋初，鬲还是礼器，与鼎、簋、豆、壶、盘等组成成套随葬品。

商双耳红褐陶甗

山水间的光阴印记

——本溪博物馆

  本溪博物馆位于本溪市明山区大峪新区峪明路，成立于1980年，是以文物收藏、陈列、研究、群众教育为主的综合性博物馆。新馆于2009年落成，馆藏文物近万件，以本地区出土文物为主，有旧石器时代早期的人类牙齿及小孩儿股骨化石，青铜时代石器、陶器，战国青铜短剑等。建馆以来，举办和引进各类展览80余个。考古发掘和文物调查成果显著，重要的发掘项目包括庙后山旧石器时代遗址发掘、太子河上游青铜时代洞穴墓地发掘、高句丽五女山山城发掘、高句丽米仓沟壁画墓发掘等。

青铜短剑：出袖鬼神伏

  本溪博物馆馆藏青铜短剑，为战国时期器物，国家一级文物，1978年出土于本溪县富楼乡刘家哨石棺墓中。此剑通长45厘米，剑长37.3厘米、宽3.5厘米，剑柄长12厘米、宽11.4厘米，剑镖长12.6厘米、宽4厘米，剑钩长12厘米、宽3.9厘米。由剑身、剑柄、加重器及护件、剑镖、剑钩等部分组成，剑身前部平直，后部弧曲略宽，中间为柱状脊，脊上经过研磨，有一中心棱线，脊两侧各有一道沟状血槽。剑柄呈"T"形，盘周饰细密三角纹，近口处饰斜线

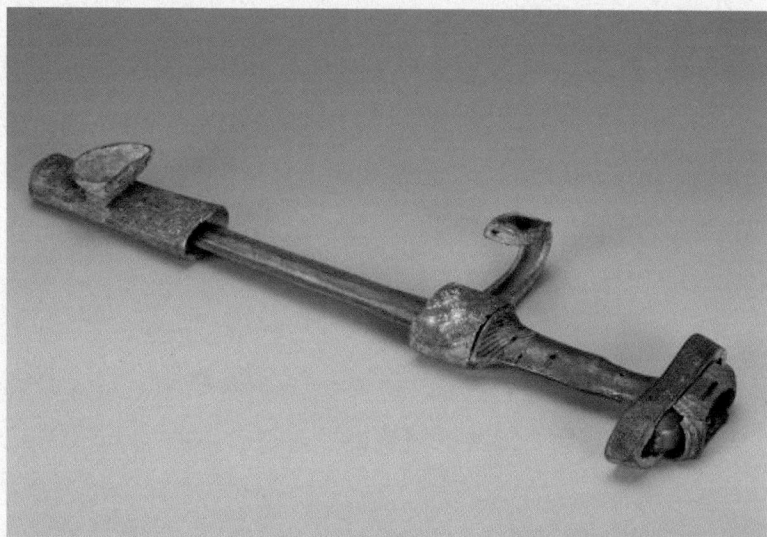

青铜短剑

纹，剑柄盘内对置铁矿石磨制的加重器2件，呈不规则半球状。剑钩和套筒连铸，钩做蛇头状。剑镖呈扁筒状，上宽下窄，下部铸有半圆形碗状饰物。剑镖正面饰三角几何纹，背面和碗状物外侧饰席纹。碗状物内装饰何物，不得而知，令人遐想，也许是松绿石，也许是玉石，也许是更高级的装饰。

青铜短剑是我国北方地区流行的一种短兵器，富有浓厚的地方特色，是我国北方青铜文化的代表性器物之一，它的出现，与东北土著民族有着密切关系，最早出现于西周的早期，盛行于春秋战国时期，到西汉初期随着铁器的盛行而消失，历经800余年。

此剑时代约为战国的晚期，无论从铜的质量还是精湛的铸造工艺来看，均为上乘之作，不仅用于战场，也应是具有较高品级的军事首领所拥有军事权力的象征。该文物是目前我国发现的东北系短剑中最完整的青铜短剑，是本溪博物馆镇馆之宝。

重圈六鸟纹双钮铜镜：对镜贴花黄

本溪博物馆馆藏重圈六鸟纹双钮铜镜，为战国时期器物，1978年出土于本溪县富楼乡刘家哨石棺墓中，是国家一级文物。这面铜镜为战国晚期铜镜，直径17.8厘米，厚0.4厘米。镜呈圆形，正面平素，背面纹饰用两周较粗的凸弦纹分为内外两区，内区纹饰为单线勾勒的似大雁的6组鸟纹，形状相似，曲项长喙，如浮水面。外区为两组平行的3条曲线，相互缠绕形成变体蛇纹图案。镜缘隆起，镜座内施桥状双钮上下横列。

战国时期的铜镜在商、周朝的基础上，有了全面的发展，成为极其富有特色的一种艺术品。这面铜镜，在铸造工艺、纹饰艺术、

重圈六鸟纹双钮铜镜

铜的质量等方面均可称为战国时期铜镜的珍品，特别是镜背纹饰布局合理，刻画纤细、精美，给人以精巧、典雅之感，整体构图线条活泼流畅，姿态生动，是本溪博物馆镇馆之宝。

铜镜是古人用以梳妆照面的生活用具，也是深受人们喜爱的工艺品，一般由含锡量较高的青铜铸造，是民族传统艺术中的奇葩。铜镜在早期的商代是用来祭祀的礼器，在春秋战国至秦一般都是王和贵族才能享用，到西汉末期铜镜就慢慢地走向民间，是人们不可缺少的生活用具。它制作精良，形态美观，图纹华丽，铭文丰富，是中国古代青铜艺术文化遗产中的瑰宝。

据目前考古资料所知，我国最早的铜镜始见于齐家文化（相当于夏代），距今4000年左右，后历经商、西周、春秋战国、汉、唐、宋、辽金元、明清等各时代，伴随着人们的日常生活长期流行，直到玻璃镜出现才退出历史舞台。

探秘古地球

——本溪地质博物馆

本溪地质博物馆位于本溪市小市镇，由地球科学厅、生命进化厅、矿产资源厅、地质遗迹厅、多功能厅和综合厅等6部分构成。博物馆充分利用图片、文字、模型、实物标本、影视、信息系统和多媒体技术，全面展示地球在46亿年的演化过程中所经历的内外动力地质作用以及由各种地质作用造成的地质遗迹。

中华龙鸟：是龙是鸟

中华龙鸟是一种发现于中国的美颌龙类。和大多数美颌龙类一样，中华龙鸟的体型十分娇小。依据正型标本估计，它的体长约为1米。中华龙鸟在发现之初由于身披丝状羽毛，一度被认为与鸟类有着非常近的亲缘关系，被认为是解决鸟类起源问题的关键物种。不过以现在的相关研究来看，中华龙鸟所属的美颌龙类是手盗龙形类中最为原始的一支，与鸟类的亲缘关系较远。即便如此，中华龙鸟的发现也是具有里程碑式的意义的，它是第一件被报道的长羽毛恐龙的化石，它使古生物学家逐渐意识到非鸟类兽脚类恐龙也可以拥有鸟类的特征。

中华龙鸟生存于距今1.4亿年的早白垩纪。1996年8月，辽宁省

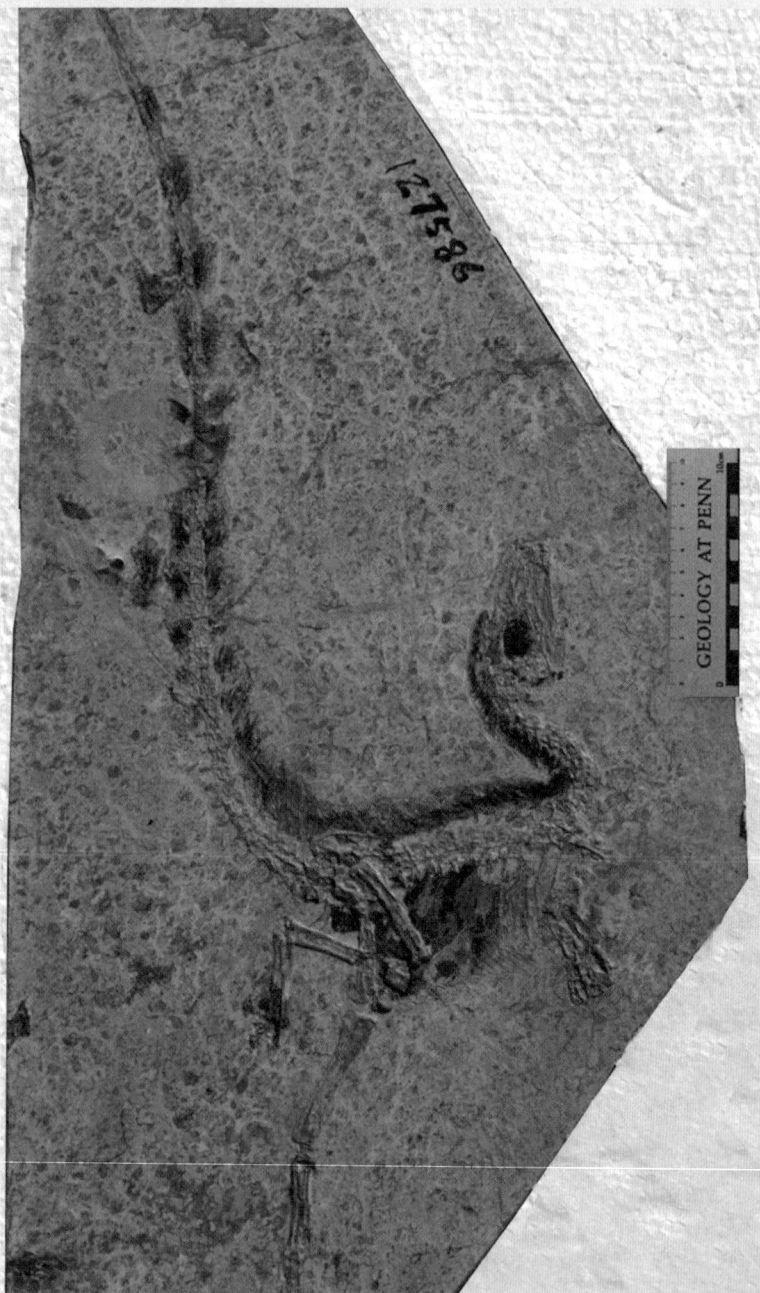

中华龙鸟

的一位农民捐献了一块化石标本，它体态很小，但形似恐龙，嘴上有粗壮锐利的牙齿，尾椎特别长，共有50多节尾椎骨，后肢长而粗壮。此外，最吸引人之处是它从头部到尾部都披覆着像羽毛一样的皮肤衍生物。这种奇特的像羽毛一样的物质长度约0.8厘米。科学家们经过认真研究，开始以为是一种原始鸟类，确认这是最早的原始鸟类化石，由于是在中国发现的，被命名为"中华龙鸟"，后经科学家证实为一种小型食肉恐龙。它的最初骨架大小有1米左右，前肢粗短，爪钩锐利，后腿较长，适宜奔跑，全身还披覆着原始绒毛。长期以来，对于鸟类是不是恐龙的后裔一直存在不同的看法，中华龙鸟的发现提供了一定的证据。

　　中华龙鸟化石发现于中国辽西北票市上园乡。中华龙鸟的脊柱和体表有着流苏一样的纤维状结构，这种结构有可能是羽毛的前身，它没有飞翔功能，主要是保护皮肤和维持体温。

触摸尘封千年的历史

——本溪五女山博物馆

本溪五女山博物馆位于本溪市桓仁满族自治县城北3公里处，坐落在世界文化遗产五女山山城西南脚下，浑江右岸，依山傍湖，环境幽雅。五女山博物馆建于2004年，于2008年5月布展完毕并对外开放。博物馆造型别致，古朴典雅，建筑面积3400平方米，展览面积1500平方米，收藏高句丽、辽金等历史时期珍贵文物6000余件。展厅布陈设计风格独特、做工精致，采用多媒体幻影成像、场景复原、电子图书等多种表现形式，全面系统地展示高句丽民族的发展历史、桓仁浑江流域的多民族文化。

白玉飞天透雕牌饰：缕缕飘飞曼妙之态

本溪五女山博物馆馆藏的辽金白玉飞天透雕牌饰，为辽金时期文物。长7.7厘米，宽3.7厘米。飞天体态舒展，面部丰腴，额前短发像莲瓣下垂，颈下围系短巾，身后结花，左手放在胸前，托一钵状物，右手半举，内握花束状物，身穿长裙、缠披帛，腰系衣带，光着脚，缕缕飘飞，身下如意祥云，朵朵相连，制作技法娴熟，工艺精美。

辽金时期，实用装饰玉占重要地位，"礼"性大减，"玩"味大

五女山博物馆

岁次甲申孟冬大雪楚图南科尼居文化题

本溪五女山博物馆

增，更加贴近现实生活。文人的审美意识逐渐渗入玉器的造型之中，总体风格不如唐代浑厚有力，多小件精致器物，出现了玉童子、玉笔架、玉镇纸等新品种。雕刻技法出现深层立体镂雕。值得一提的是，辽、金时契丹、女真等少数民族狩猎风盛，喜用海东青捕天鹅和猎取熊、鹿等，这一题材的"春水""秋山"玉洋溢着浓厚的生活气息和游牧文化风格，也颇受汉族士大夫阶层的喜爱。宋辽金玉器在继承隋唐文化市民化、艺术化的基础上，形成了鲜明的朴素淡雅艺术风格。浓郁的乡土韵味，通过构图精致、空灵剔透、神形兼备的"宋作工"体现得淋漓尽致，彰显了民族特性。宋辽金玉器是我国玉文化的一朵奇葩，它的艺术成就可谓空前绝后。

宋玉主流材质都是和田白玉、青白玉，且选材优良，抛光较亮，颇有旧玉之韵。辽金选材更为严格，用玉纯洁温润无瑕疵，材质之美，堪称典范。辽金亦多见水晶、玛瑙、琥珀等。宋代玛瑙器，碧玉亦常见，也有少量独玉、黄玉等。

宋玉按类别可分为时作玉、古玉、伪古玉及仿古玉。宋玉品种与纹饰几乎涵盖生活常见的动物、人物、花卉与传说中的神灵等，真可谓丰富多彩，应有尽有。辽金玉器在题材、器物类型上与宋玉皆相似，至今未见仿古玉。

宋辽金玉器突出特点是工艺精湛，绝无粗制滥造。圆雕工艺是百尺竿头更进一步，并首创了有背景的景观式构图及花下压花、层层镂刻、层次分明的"宋作工"。宋辽金工艺及艺术风格的区别在于：宋刀细腻，用线有唐代遗风，但阴线纹较偏粗宽；辽金刀法粗放简洁，线条坚实有力，注重作品整体形式上的统一、简明。此块飞天玉牌充分体现了辽金工艺的精湛。

辽金白玉飞天透雕牌饰

铜镞、铜印、铜镜：铜器小品有大用

本溪五女山博物馆馆藏中有三种铜器物件，虽然比较小，但实用性都很强，值得一看。

一是战国铜镞。

出土于沙尖子镇大夹板沟墓葬。长3.9厘米，宽1.2厘米。范铸，三叶式，叶刃极薄，后段低于前段，向前聚成尖峰，圆柱状铤，铤端中心有一圆突。

二是辽契丹文铜印。

出土于八里甸子镇马鹿泡村。印长7.5厘米，宽7.3厘米，厚1.8厘米；钮长3.5厘米，宽2厘米，高3.7厘米。印呈近正方形，背有柱状直钮，两侧抹斜，为方便用印，顶上印刻"上"字。印文为篆书契丹文，不识，末尾二字亦见于凤城等地出土契丹文印中，据分析，似为"之印"二字。

三是金有柄人物故事镜。

出土于拐磨子镇范家屯。镜面径长9.7厘米、厚0.3厘米，柄长8.5厘米、宽2.3厘米。镜面圆形，下有短柄，可手执。镜背外区饰一周缠枝花纹图案，内区图案为人物故事，左侧一树，枝繁叶茂，树下端坐一人，头绾发髻，着宽袖长袍，状如神仙。右侧一人站立，手持一物，似为收敛的伞具。左侧月下，另有一龟、一鹤。镜缘浅刻两字，似女真文，不识。

金代时期的铜镜是在我国铜镜逐步走向衰退时候而又重新崛起的一族。这个时期的铜镜，基本上脱离了以前铜镜纹饰那种含义比较朦胧、纹饰比较抽象的神秘基调，而多数采用现实生活中的写实

契丹文印　八里旬子马盂泡出土
Seal with Khitan Characters
Excavated at Balidianzimalupao

铜　镜　招赢于大荒沟出土
Bronze Mirrors
Excavated at Dahuanggou Gualinzai

辽契丹文铜印、金有柄人物故事镜

和民间广为流传的经典故事为内容，所以这个时期铜镜的纹饰非常直观，意韵表达比较直白，充分地反映出这时期浓厚的草原民族文化的气息。

尽展锦绣风华

——锦州市博物馆

　　锦州市博物馆位于锦州市古塔区北三里1号，成立于1953年，是一座地方综合性博物馆，馆藏文物1.7万余件，共分玉器、瓷器、青铜器、书画等16大类，其中一级文物10件，二级文物171件。馆藏品中商代连珠纹连柄青铜戈和饕餮纹青铜铃俎为国内孤品，现已成为镇馆之宝。为了发挥文物藏品的作用，2000年，市政府投资建博物馆新馆舍，占地面积7768平方米，建筑面积5600平方米。博物馆利用新馆舍推出"锦绣之州历史文明"基本陈列，陆续又推出"馆藏文物精品""辽西风情""辽西地区古生物化石"等专题展览。

连珠纹连柄青铜戈：操铜戈兮被犀甲

　　锦州市博物馆馆藏连珠纹连柄青铜戈，青铜质地，为青铜时代夏家店下层文化代表性文物，通长80.2厘米，援长20厘米，宽4厘米，厚6厘米，约1105克，1986年4月出土于辽宁省锦州市松山镇水手营子村。

　　此连珠纹连柄青铜戈铸造精良，戈头与柄一体连铸，并非实用器，而是一种权力的象征物，可称其为权杖。其样式新颖别致，戈头直援直内，无胡无阑，且援中起脊梁，截面呈菱形。内为长方形，周边起框，中间下凹。戈柄截面呈扁椭圆形，并顶端有向内弯转的冒，呈勾云状（有红山文化特征），上有凹槽。柄底端有光素扁球形镦。柄表通体饰有凸线交叉构成的连续菱形纹，每个菱格内又填满小而密集的连珠纹。

纵观整件器物，纹饰精美。戈柄不是木制而是与戈头一体连铸，戈头中的穿为假穿，是向下的凹槽，为镶嵌绿松石等饰物而设。柄表面布满连续菱形纹和密集的连珠纹，菱形纹象征权力和财富，连珠纹是古人想象中的太阳，更是史前文化太阳崇拜的继续。另外，柄顶端冒呈勾云状，在红山文化时期，勾云形玉佩是王权象征的典型器，将此造型运用于青铜制造中，也说明此戈是一种权杖，是王权的象征。

这件镇馆之宝20世纪80年代出土于锦州市松山镇水手营子村的一座单人墓穴中，同时还在墓中清理出1件石器和几件陶器及残片。据专家和学者考证，这件青铜戈具有夏到早商时期的基本特征，无论是从戈头造型、戈柄纹饰还是从与之同墓出土的3件陶器上看，此戈的年代约相当于中原二里头文化四期或夏商之际，其文化性质当属夏家店下层文化。它是辽西地区乃至全国所发现的最早的青铜戈，此戈的出土也反映了当时高超的青铜铸造技术及其与中原文化的密切交往关系。从青铜戈的铸造工艺上看，当时北方的冶铜铸造技术并不亚于中原地区，已经达到了相当高的水平，更是研究我国北方早期青铜文化的重要资料。

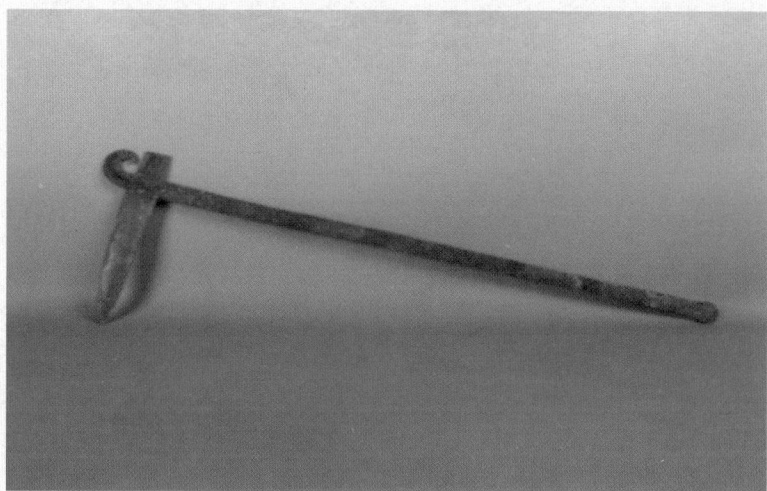

连珠纹连柄青铜戈

饕餮纹青铜铃俎：古为食器，今为艺术品

锦州市博物馆馆藏饕餮纹青铜铃俎，青铜器物，属于青铜时代魏营子文化的文物，长33.5厘米，中宽16.85厘米，高14.5厘米，重约2.5千克。

1979年4月在辽宁省义县稍户营子镇花尔楼村出土了一组青铜器，其中包括1件青铜铃俎、1件青铜鼎、2件青铜甗和1件青铜簋。

这件青铜铃俎上作长方盘形，下为相对的倒"凹"字形，板足饰精致的饕餮纹和乳钉纹，衬以云雷纹地，板足空当两端各悬有扁圆形小铜铃一个，铃上均有对称扉子，一铃为素面，一铃饰有单层纹饰，其制作精巧，是青铜时代商周时期青铜器中的罕见之物。这批青铜器从形制和纹饰看，铸造年代当在商末周初。板足间系有铃铛的俎，为我国目前出土的青铜器所仅见，是世间难得的孤品。这几件青铜器以典型的中原式青铜器为主，但也融合了北方草原文化因素，青铜铃俎器形和花纹是中原风格，板足内悬铜铃是北方草原民族喜欢的装饰品。

按照周礼的规定，青铜礼器是古代繁文缛节的礼仪中使用的，陈于庙堂，或用于宴飨、赏赐、盥洗等。青铜器自周初开始转变为重食体制，盛行以鼎、簋、甗、鬲的食器组合：鼎是炊具，用来烹煮；簋是盛食器，相当于现在的大碗；甗是蒸饭器，由鬲和甑组成，相当于现在的蒸锅。俎本是切肉、盛肉的砧板，后演变成祭祀礼器中的一种，一般形状为长方形案面，有的案板中间有孔，中间微凹，案下两端有壁形足。俎的这种中间低、四周高的形状，一是为了盛

饕餮纹青铜铃俎

放祭祀牲体时不滑落；二是防止牲体的血流溢出来。俎只许放"三牲六畜"，在祭祀仪式中与鼎、豆并用。我们能从这特殊器形看出古人设计的巧妙之处。

铜钞版：纸币的珍贵模具

锦州市博物馆馆藏"中统元宝交钞二贯文省"铜钞版，为元中统（1260—1264）物件，通长29厘米，宽18.7厘米，厚0.9~1.35厘米，重4千克。出土于黑山县胜利乡烂泥泡村。

此钞版是元代初期印制纸币用的铜版，为元代中统年间所铸造。背光素，版面共分3段，上段是钞名"中统元宝交钞"。中段中间为金额"贰贯文省"，其下为交叉形二盘线图，右侧是九叠篆"中统元宝"，其下为汉文"字号"二字。左侧是九叠篆"请通行"，其下为汉文"官字料"三字。下段是印钞的发行机关。此钞版是行中书省刊刻的，是迄今难得一见的元代早期印制纸币的钞版。

元朝是中国古代史上纸币的鼎盛时代。成吉思汗时代的蒙古国，以白银为主要市贸流通货币，其后受宋、金影响，开始在占领区内发行纸币。中统元年（1260）忽必烈登基后，发行以丝为本的交钞，并在十月进一步推出"中统元宝交钞"。这种钞票发行之初，以白银为本位，任何人持中统钞都可按银价到官库兑换成白银。前至元二十二年（1285）起，全国禁用银钱市货，"中统元宝交钞"成为国内唯一合法的流通货币，它是中国现存的最早由官方正式印刷发行的纸币实物。这在世界货币史上是一个伟大创举，除蒙古占领区的伊儿汗国发行纸币以外，印度、朝鲜、日本等国也效仿元朝发行过纸币。《马可·波罗游记》中的"大汗的纸币"更是令欧洲人惊叹。

"中统元宝交钞二贯文省"铜钞版

三种小件器物：做工精巧实用至极

锦州市博物馆馆藏品中有三件小器物，非常讨巧精致，充分展现了古人工匠的技术水准。

一是紫定盏托，宋代瓷器。北宋年代（960—1127）的物件，酱紫色釉。其形制为敛口杯状托圈，托盘微敛上收，高圈足。通高5.8厘米，托圈高3厘米，口径5.45厘米，托盘径11.2厘米。著名紫定，其价高于白定。盏托，又称茶托，是一种与茶盏配套使用的茶具。国内现存紫定完整器已不多见，此器为研究紫定的工艺和盏托的演变发展提供了实物资料。

紫定，宋代定窑釉色分类之一。"紫定"的提法最早始自明初的曹昭。对于紫定釉色有两种学术认知，其一为古文献中提及的紫、黑、葡萄紫定的说法，文献认知广泛为"烂紫葡萄色"；由于稀少罕有出土，以20世纪30年代出土的实际情况，其认知色广泛为酱釉芝麻色；随着河北省考古队在遗址挖掘出一片紫定碗残片，以及近年曲阳地区出土的紫定碗底残片，紫定文献色为紫定实色的证据就比较多了起来。

其二是白玉雕鹌鹑印泥盒，1974年6月，北镇县闾阳镇闾阳二校师生在院内水井旁挖水池时发现藏于一个青花罐内。清代末期器物。通长11.2厘米，高6.2厘米，宽5.42厘米，口径9.2厘米×5.2厘米，壁厚0.3厘米。此印泥盒材质为和田玉，内为椭圆形，外为鹌鹑形，由盖、盒两部分组成。通体雕刻以阴线条为主，阳线条为辅。玉质温润，洁白无瑕。盒、盖为两种颜色，盒为白中微返青色，盖为白色，由两块玉雕琢而成。所雕鹌鹑做歇息状，其头、眼睛、翅膀、尾部及爪都刻画得极为形象、逼真。盒、盖衔接处有子母口，咬合时成为完整的一体。整个器物充分表现了清代玉雕艺人高超的技艺。

鹌鹑可食用，如满汉全席禽八珍中有"红燕、飞龙、鹌鹑、天鹅、鹧鸪、彩雀、斑鸠、红头鹰"，现在烧烤食品中的美味也有鹌鹑。古代医学中，鹌鹑肉可以适宜于营养不良、体虚乏力、贫血头晕、肾炎浮肿、泻痢、高血压、肥胖症、动脉硬化症等患者食用，可以防止动脉硬化，还具有健脑作用。在古代还有"斗鹌鹑"的游戏，类似于斗蛐蛐、斗蝈蝈，元曲中还有一种曲牌叫《斗鹌鹑》。

明清时代，官服胸前或后背上会织缀一块圆形或方形织物，叫补子。根据官位不同，纹样形式亦不同。文官的补子图案用飞禽，武将的补子用猛兽。清代文官八品的补子就是鹌鹑。在古代"鹌"和"鹑"本是两种鸟。鹌鹑之"鹌"与安全、安康、安居、安详之"安"谐音，因此又具有"事事平安"和"安居乐业"的象征意义。

三是白玉浮雕龙凤纹盖壶，为清乾隆时期（1736—1795）的真品物件。通高21厘米，盖高5厘米，壶宽5厘米。玉质温润，洁白。壶盖有一钮，钮的上端雕一覆盖的荷叶，两侧有对称的凤耳，耳中有一透雕玉环；玉壶肩部两侧有一对对称的云纹耳，耳中有一透雕玉环。一条长35厘米、21环的透雕玉链，把玉壶与壶盖左耳中的环连在一起，使三者成为一体。玉壶正面雕有龙凤和火焰珠，下部雕有海潮纹和怪石，龙凤足踏怪石。背面雕有一龙和一枚火焰珠，下部雕有海潮纹，龙踏海潮。正面纹饰代表"龙凤呈祥"之意，背面纹饰代表"教子升天"之意。整个器物造型生动，雕工精细，寓意深刻，充分反映乾隆盛世玉雕艺人高超

紫定盏托

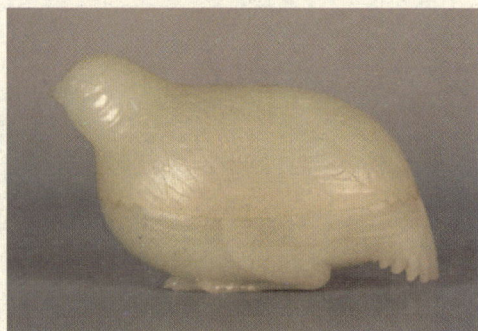
白玉雕鹌鹑印泥盒

白玉浮雕龙凤纹盖壶

的技艺。

　　锦州市博物馆所展出的辽西地区出土文物，呈现着从旧石器时代到清代的中国古代文化。古老器物所体现的先民信仰和文化基因，是今日探寻传统之美的宝贵资源，更是绵延赓续的中华传承。

东北近代文明升起之路

——营口博物馆

营口博物馆正式成立于1981年，其前身是营口市文物管理委员会办公室。现位于营口市渤海大街中段，营口市站前区履和门街少年宫里21号。建筑面积3200平方米，其中展览面积1600余平方米。属地方综合性博物馆。馆藏文物有驰名中外的金牛山遗址人类和哺乳动物化石及青铜器、陶器、钱币、书画、火花、皮影等11类，馆藏火花、货币、民间驴皮影均成系列。营口博物馆的基本陈列有"古邑风华——馆藏文物精品展"，专题陈列有"百年风云——营口近代历史图片展""汉风遗韵——2006盖州汉墓出土文物特展""火的涅槃——馆藏火花展"等。截至2019年末，营口博物馆馆藏文物共计有5098件（套），珍贵文物575件（套）。

一画一壶一化石：馆藏中的镇馆之宝

营口博物馆馆藏中有3件物品比较特殊，堪称该馆的镇馆之宝，可以称其为"一画一壶一化石"。

"一画"即为《江夏春晓图》卷，明代张宏作品。清顺治三年（1646）手卷，纸本设色，纵30.5厘米，横613厘米。张宏（1580—1659，也有记载为 1577—1652），字君度，号鹤间，南直隶苏州府吴县（今江苏省苏州）人。善画山水、重视写生，笔意古拙、笔力峭拔，墨法细腻、墨色湿润，层峦叠嶂、秋壑深邃，有元人古意；画石以皴染结合为其特色，所作写意人物形神俱佳，散聚得宜，是明末吴门画坛的中坚人物。

《江夏春晓图》卷画面一江横流，岸边山峦起伏，山间云雾迷蒙，淡淡青山迷离苍劲。牧童、小桥、农田、茅舍、楼阁掩映其间，水中渔舟撒网，岸边柳绿花红，田中农人耕作，一派祥和的江南春色。卷首钤鉴藏章"显王鉴赏之章""厘氏珍藏"朱文方印。卷尾落款"丙戌秋日写于横塘草阁，张宏"，钤印"宏印""君充氏"白文方印。

"一壶"为清末内画大师马少宣的内画烟壶作品，高4.9厘米，宽3.6厘米，厚2厘米。烟壶为水晶质地，晶莹剔透。器型为扁圆体、直颈、小口、配绿色玻璃盖，下有圈足。烟壶正面绘《童子戏鹰图》，画面生动逼真，人物神态栩栩如生，形神兼备。背面用楷书书录宋程颢诗《春日偶成》："云淡风轻近午天，傍花随柳过前川。时人不识余心乐，将谓偷闲学少年。"落款"壬寅仲冬，马少宣"。

马少宣，回族，生于1867年，卒于1939年。马少宣是清代京派内画四大画师之一（另外三位是叶仲三、周乐元、丁二仲），其内画鼻烟壶书画并茂、笔法精湛。

中国内画鼻烟壶有以下三个主要流派：京派内画鼻烟壶，鲁派内画鼻烟壶，冀派内画鼻烟壶。马少宣、叶仲三、周乐元和乌长安四个人是"京派"内画的"四大名旦"。曾有民谣流传："登堂入室马少宣，雅俗共赏叶仲三，阳春白雪周乐元，文武全才乌长安。"马少宣为"四大名旦"之首，他以工笔"一面诗一面画"内画技艺闻名

内画烟壶

全国。1915 年，他创作的内画鼻烟壶获得巴拿马万国博览会名誉奖。

20 世纪三四十年代，我国著名民俗学家金受申先生和古董鉴赏家赵汝珍先生就在各自的著作中称赞马少宣先生的内画技术是"鬼斧神工"，称赞他是"最著名"的内画壶艺术家。国际中国鼻烟壶学会前任主席鲍勃·斯提芬斯先生在他所著《鼻烟壶收藏手册》中，称马少宣先生为内画壶艺术中的毕加索。

"一化石"为金牛山人的头骨化石。该化石十分完整，初步观察，它既有原始的特征，也有一些接近智人的进步特征，而且脑容量大于同时期的猿人。金牛山人化石的发现填补了这一时期人类发展的空白，为对猿人体质特征及体质演化发展的研究提供了丰富的实物资料。

金牛山人是旧石器时代早期的原始人，1984 年发现于辽宁营口金牛山，生活年代距今约 26 万年前。经考古学家研究，金牛山人头骨既有原始之处，也有进步之处。原始之处在于：头骨低矮，眉脊粗大，眶后宽缩显著，面骨的高、宽与北京猿人相近，牙齿是比北京猿人更硕大的铲形门齿，没有增强结构。进步之处在于：颅盖显著增高，颅宽位置上移，颅骨厚度明显减薄，脑容量增大，约为 1390 毫升，接近现代人的平均值。

我国考古专家组对属于个体的金牛山原始人的头骨和骨架化石与北京人头骨骨架化石相对比后发现，金牛山原始人头骨已接近现代人。这一考古发现，被列为 1984 年"年度世界十大考古科技"之一。

在辽宁营口金牛山还出土了大批打制的石器和部分骨器，说明那时处于旧石器时代早期，在山洞里还发现许多燃烧过的哺乳动物残骨，这是金牛山原始人使用过天然火并食用熟食的证明。金牛山

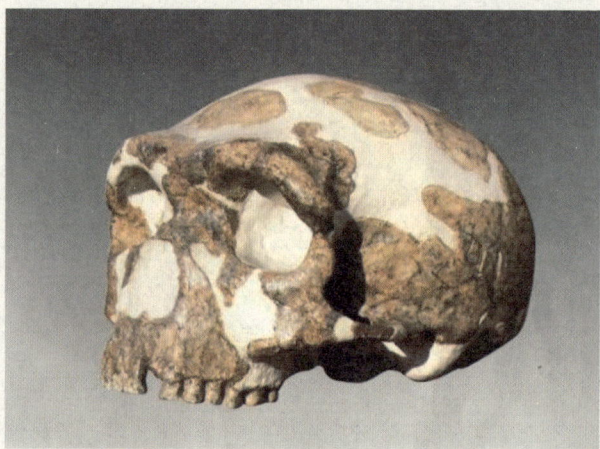

"金牛山人"头骨化石

遗址内保存资料之完整，在当时的国内尚属首例。在文化意义上，北京猿人与金牛山人共存，即直立人与早期智人共存，是镶嵌进化的一种形式。

玉都奇珍

——阜新市博物馆

阜新市博物馆成立于1995年12月，位于辽宁省阜新市细河区工业街44-2号。占地面积1889平方米，展厅面积为600多平方米，是阜新市唯一一座综合性博物馆。阜新市博物馆藏品丰富，参观环境良好。文物藏品总数为2093件，其中珍贵文物195件。现基本陈列主要展示阜新地区亿万年前的自然风光，同时展示各时期重要的历史文化，如查海文化、红山文化、辽金文化和明清时期佛教文化等。

白釉鸡冠壶：马背飞行大草原

辽白釉鸡冠壶为管状口，内侧贴一小环耳，鸡冠状单孔耳，壶身上做仿皮条形缝合装饰，两面各有两个横耳。

鸡冠壶，亦称"马镫壶""皮囊壶"，是辽瓷中最具代表性的作品，其形似鸡冠，因此得名，追究起来却与鸡冠无关。鸡冠壶的造型是模仿契丹族皮囊容器的样式而烧制的陶或瓷壶，保留了契丹游牧民族的生活习惯。它的造型从敦厚浑圆到苗条清瘦，体现了它与中原文明交汇融合的特点。

鸡冠壶是装水或盛酒的器皿。扁体，下腹部肥硕，上腹部一端

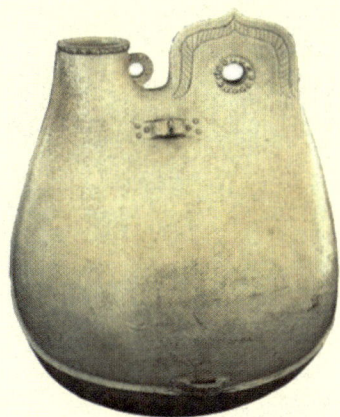

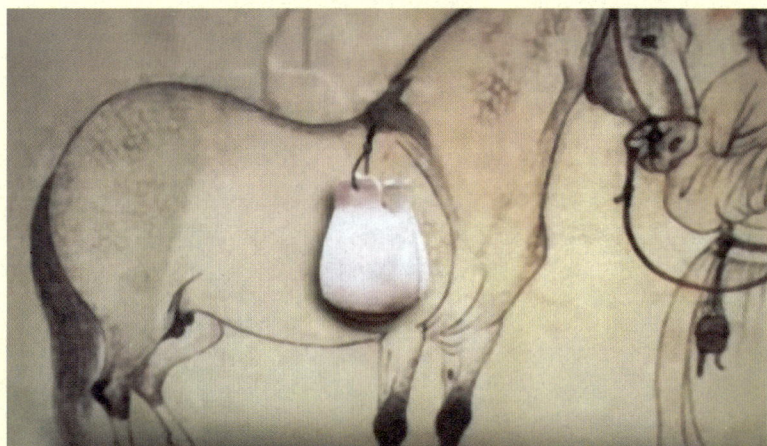

辽白釉鸡冠壶

有向上直立的管式短流，余部边缘呈板平的一半加云头形或满弓式提柄，与流部连接，很像公鸡的顶冠，故名。鸡冠壶多为白釉、黄釉、绿釉，且施半釉，具有民族特色。鸡冠壶是辽代工艺品中极具特色的一个品种，常被作为辽代墓葬断代的重要依据，是北方少数民族契丹族标志用器物。器身上扁下宽，鼓成皮囊状。圆口粗颈，扁平棱角式提梁，在仿皮革凸起的缝线上装饰绿色翠珠，让人不觉联想起一望无际的大草原和白云一样星星点点的羊群。

据有关专家解释，穿孔式的鸡冠壶出现在辽代早期，单孔出现时间早于双孔，这与当时契丹族生活习惯的演变息息相关。穿孔式鸡冠壶通过绳索穿孔而过，方便固定在马背上，壶身则多为扁圆状，壶身的曲线与马躯体的线条弧度十分吻合，更适合契丹人的马上生活。到了辽代中晚期，契丹人"逐草而居，居无常所"的生活方式发生改变，为满足定居生活需求，提梁式鸡冠壶应运而生，更适合人们用手执握，适合居室使用。辽代早期的提梁式鸡冠壶，壶身上有管口或横曲提梁，到了中期横梁的弧度变大，而至晚期壶的横梁上则留有指捏的痕迹。

鸡冠壶外施透明釉，虽历经几百年仍亮丽如初，让人赞叹，它是民族文化传承的代言，是中华文化又一丰富的体现。

玉龙故乡，文明发端
——阜新查海遗址博物馆

阜新查海遗址博物馆在阜新沙拉镇查海村西5里，1992年9月，阜新市人民政府在查海遗址上修建的查海遗址博物馆正式开馆。该馆为框架结构，建筑面积877平方米，高11米，由6个半地穴式人类住址组合而成，墙体装饰为树干形树枝色，内设石器、陶器等展厅4个，专题陈列了查海遗址出土的玉器、石器、陶器等各类代表性文物，展示的还有龙形堆石和半地穴式房址等。查海遗址是新石器时代早期人类聚落，发掘房址55座，具有重要的人文科学历史学术研究价值。

查海玉器：遥远的玉文化

今天，假如给你一块玉石，让你雕琢成玉佩，你一定会找到专业的雕刻师傅。专业师傅借助电动工具，按照你的意图雕刻成一块你喜欢的玉制品。

如今，一副玉件的雕刻过程很复杂，从玉石的选材、设计雕刻方案，到经过切割工具、玉石雕刻机等工具的粗雕、打磨工具打磨，这个过程中还会使用吸尘锯、砂轮机、钻头、各种雕刻刀（镗刀、扁平刀和圆刀）等，最后经过细致的抛光，优秀的雕刻师傅才能将

阜新查海遗址博物馆鸟瞰图

一块精美别致的玉件呈现给你。

即使有了电，有了电动的设备工具，玉石雕刻依然如此复杂。

但想一想，在遥远的古时代，没有电的时代，玉件是怎么雕刻出来的呢？

辽宁省阜新市的查海遗址中就出现了距今8000年前的史前文明的玉器物件。出土的30多件玉器，大致可分为两类。一类是工具性的，如玉锛、玉斧。从玉斧看，属于残件，乳白色，通体磨光，一面上端有切割沟痕，一个侧面呈圆弧状，另一侧面棱角分明，弧刃，正锋，刃锋利，有崩疤，残长7.0厘米、宽6.0厘米、厚2.0厘米。另一类是配饰性的，如玉玦，皆磨制规整，做工精细。玉玦通体光素无纹，抛光莹润，平面圆环形而又有断缺口，整体呈C形。由于出土时玉玦置于墓主人耳朵下面，所以有人推测其当是一种耳饰，利用缺口夹在耳垂上。也有人推测其是红山文化玉猪龙的雏形，即龙的雏形。用玉石雕琢成玉佩，充分展现了古人对玉的认知和理解，体现了古人的审美选择，是古人对自然之物和天人合一思想的具象表现。因雕琢的形状不同，所展示的功能不同，玉器被赋予了吉祥、福禄、长寿等多种寓意。

宋代诗人戴复古在《题郑宁夫玉轩诗卷》中写道："细观玉轩吟，一生良苦心。雕琢复雕琢，片玉万黄金。"

唐代诗人王昌龄在《芙蓉楼送辛渐》中写道："洛阳亲友如相问，一片冰心在玉壶。"

王翰在《凉州词》中豪迈地书写道："葡萄美酒夜光杯，欲饮琵琶马上催。"

李商隐在《锦瑟》中写道："沧海月明珠有泪，蓝田日暖玉生烟。"

"玉"是象形字，始见于甲骨文，其本义为用丝绳穿起来的珍

查海玉玦

查海玉斧

查海玉锛

玩宝石，后引申为色泽晶莹如玉之物，形容美好、洁白等。《说文解字》中说："玉，石之美者。"《诗经·召南·野有死麕》："白茅纯束，有女如玉。"

在中国古代传统文化中，玉器除了其审美功能外，更重要的是古人思想观念的重要载体，东汉许慎在《说文解字》中说"玉，石之美者，有五德"，即具备仁、义、礼、智、信五种美德，可见玉是古人价值观的一个重要体现。不同时期的人们赋予玉器不同的功能：史前人类用玉祭祀、殓葬，商周则作为王权的象征，用作礼器而被历代王朝所沿用，而以后的历代王朝直至如今，玉器又是重要的装饰品和玩赏品，其中不乏一些吉祥寓意，如翡翠白菜意为"百财"、玉葫芦意为"福禄"、玉龟意喻"长寿"、玉如意比作"吉祥如意"等。

查海遗址出土的玉玦，整体磨光，且均匀而有光泽。这种玉玦目前只见于东北的辽宁、黑龙江和东北亚的俄罗斯远东地区，日本也偶有发现，体现东北亚地区史前玉器特征。国内一些考古学者根据其一端的钻孔推测，当是一种便于携带的饰品，而有的日本和俄罗斯学者认为它是一种捕鱼工具，这与当时该地区的渔猎经济是分不开的。

古城悠远

——辽阳博物馆

辽阳博物馆位于辽阳市白塔区文圣街道中心路2号，原系民国时期东三省官银号总办、东北边业银行总裁彭贤的别宅，号称"彭公馆"。建于1921年，占地面积11552平方米，建筑面积近3000平方米，原有建筑49间，是仿清代王府三进一厅两园的四合院式建筑群。1985年辟为辽阳博物馆，1988年确定为省级文物保护单位，现为国家AA级景区。辽阳博物馆馆藏文物达6000多件（套），其中，国家三级以上文物1000多件（套），具有较高的史料和艺术价值，展品具有地方特色，享誉海内外。辽白釉雕牡丹纹提梁注壶、高丽青瓷镶嵌菊纹枕、清雍正粉彩过枝花福寿盘和王尔烈七十寿屏等都是镇馆之宝。

王尔烈七十寿屏：辽阳才子的寿礼

辽阳博物馆馆藏的王尔烈七十寿屏，是清代乾隆、嘉庆时期朝廷重臣，辽阳籍官吏王尔烈于1796年在北京任内阁侍读学士过七十岁生日时，朝廷官员和他的同窗好友送其的贺礼，亦称百寿屏。

王尔烈七十寿屏为九扇组合屏风，每扇高200厘米，宽32厘米。共有126幅字画，每幅都是14厘米见方。有124位社会名流、学者

遼陽

物 館 故宫

辽阳博物馆

的署名〔1幅无署名，2幅为一人所赠〕，作者125位。其中有清代书法家刘墉的楷书"寿"字，《四库全书》总纂纪昀的《水墨仙鹤图》，《红楼梦》的印行者程伟元的《水墨双松图》等。王尔烈的后人视其为传家之宝，万般珍存于王尔烈故居——辽阳翰林府内，才得以保存下来。王尔烈七十寿屏是国内已知的价值最高的寿屏之一，荟萃了125家作品于一屏，对研究清代政治、礼仪、书法、绘画的发展具有重大价值。

王尔烈（1727—1801），别名仲方，字君武，号瑶峰。辽阳县贾家堡子风水沟村（今兰家镇风水沟村）人。以诗文书法、聪明辩才见称于世，乾嘉时期的"关东才子"。《辽阳县志》称其"词翰书法著名当世者，清代第一人"。

16岁时，王尔烈的诗文、书法就已经蜚声遐迩了。26岁，参加了全州的童试，结果考中了拔贡生。39岁，随同好友常纪到北京参加京师会试，未能及第。44岁，再攀蟾宫，满怀信心地参加了京师礼部主持的恩科会试，结果考中贡士。经过殿试，中二甲一名进士。至此，夙愿已偿。清廷任命他为翰林院编修、侍读。

公元1796年，乾隆皇帝让位给十五皇子嘉亲王颙琰，委任王尔烈为内阁侍读学士，并恩赐他千叟宴、御赐诗、《集古三星图》、如意鸠枝等。清嘉庆四年（1799）王尔烈73岁时，官至大理寺少卿，因到了耄耋之年，卸任回到辽东，在盛京掌教沈阳书院。75岁（嘉庆六年，1801年）病逝，葬于家乡辽阳县风水沟村的南山山麓。

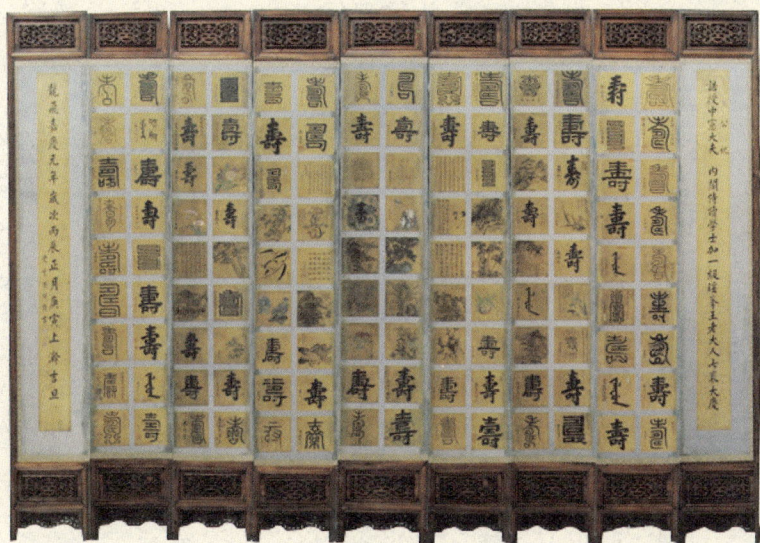

王尔烈七十寿屏

明代烽火台上的博物馆

——盘锦市博物馆

盘锦市博物馆前身为盘锦市文物管理所，1985年，由盘锦市机构编制委员会批复成立。1998年，更名为盘锦市文物管理办公室，2019年，更名为盘锦市文物中心，2022年批复为盘锦市考古和文物保护中心（盘锦市博物馆）。

该博物馆是盘锦市唯一一家由编办批准成立的国有博物馆，位于盘锦中心城区兴隆台区，由兴隆台烽火台和博物馆办公楼两部分组成，建筑面积1280余平方米。目前馆藏文物千余件（套），其中二级文物19件（套），三级文物42件（套）。

辽铜镏金冴王之印：一方官印一方权

盘锦市博物馆的建设和馆藏很有地域性特点，馆藏品中的辽铜镏金冴王之印具有代表性。

铜镏金冴王之印，辽代官印，属于国家二级文物。该印长7.2厘米、宽7.2厘米、高6厘米。方形铜印，镏金已脱落，印上刻有文字"冴王之印"。

契丹建立大辽后，先创契丹大字，又创契丹小字，与汉字同时流行于其统治地区。实行"以国制治契丹，以汉制待汉人"方针，

铜镏金汧王之印

行南北官制。官印中夹有契丹语名词，或全用契丹文字。辽铜镏金沆王之印，据考应为大辽宗室耶律宗德之印，级别极高，经破译，此印应是沆王担任水利方面职务的官印，有很高的历史文化研究价值。

辽代官印上承隋唐、下启夏金，印文有汉文和契丹文之分。契丹文官印风格独特。契丹私押精彩纷呈。契丹文印也分契丹大字与契丹小字，大字疏朗简明，小字繁复精整。但是由于契丹字释读工作十分困难，许多契丹印的含义尚无法有效解读。契丹文官印中大部分是契丹大字，由于契丹大字创制更多模仿汉字，以表意为主，与契丹的书写习惯与语法不同，而不像契丹小字那样以读音为基础，更加符合契丹读音特征。契丹大字的研究进展缓慢、不充分，这极大地妨碍了以契丹大字为主体的契丹官印的研究。

契丹文印，并不一定仅仅局限于契丹政权印或者契丹国使用印，因为西辽、金朝初期的女真人，以及元朝建国之前的蒙古人都曾使用过契丹字。契丹的汉文官印多有契丹文题款，契丹文官印也多有汉文款。有关专家指出，辽代印玺文职与武职的官印多称"印"，而与经济、食货诸事宜相关的官印则多称"记"或"朱记"。有藏友认为，"记"类印，官职整体偏小。契丹官印多为长方形，也有正方形，但是不多。宋代金代官印则多为正方形。契丹官印字口深峻，胜于金代官印。

辽北文化繁荣钩沉

——铁岭博物馆

铁岭博物馆坐落于铁岭市区中心，辽银州、明铁岭卫古城南门里路东，辽宁省铁岭市银州区文化街88号。博物馆成立于1986年8月，其前身为铁岭地区文物组。占地面积7000平方米，建筑面积6800平方米。主体建筑为地上三层半地下一层的展览大楼，展览大楼内设陈列大厅4个，面积约4000平方米。

馆内现有藏品5000余件，以辽北地方出土的文物为主，其中不乏珍品，如商周时期的青铜钺、西汉的透雕青铜牌饰、辽代晚期的北府宰相萧义墓志等。

辽风字形高圈足绿釉陶砚：方圆之间天地大

馆藏辽风字形高圈足绿釉陶砚，砚面呈风字造型，为国家一级文物。这件文物出土于法库叶茂台辽墓群14号。法库叶茂台辽墓群是一处非常重要的后族萧氏墓地，1953年首次发现。1974年春，发现7号墓，墓室和遗物都保存完好，出土了棺床小帐、绢画、陶瓷器、漆器和丝织品等300多件珍贵文物。就墓葬的完整性、文物的重要性而言，这一墓葬在辽墓发现中首屈一指，引起了国内外专家的震动与关注。

辽风字形陶砚上径14.9厘米，底径11.9厘米，高6.9厘米。圆座体，束腰，砚体柱形，砚身有桃形穿孔。这些穿孔可不是简单的装饰，而是有排烟通气的功能，而柱状砚身中空，增加了可以放置炭火的实用功能，这是典型的"暖砚"。关于暖砚，早在唐代便多有记载。唐开元盛世名相张说的《暖砚铭》中记有："笔锋晓冻，墨池夜结，香炭潜燃，推寒致热。"这也是最早记载暖砚的文字。唐代著名诗人白居易在《青毡帐二十韵》中也有"砚温融冻墨，瓶暖变春泉"的诗句。辽代掌控的疆域多处于高纬度地区，冬季苦寒。这款陶砚的样式适应北方冬季的气候特征，增添了加热功能，人们便将这种砚称为"暖砚"。

辽风字形陶砚的砚池呈现出一个明显的"风"字，设计别有韵味。目前的考古资料显示，早在两汉时期我国就已经出现了类似砚形。1985年江苏邗江姚庄101号西汉墓曾出土了一方彩绘嵌银箔漆沙砚，分砚盒、砚池两部分，整体呈上圆下方。1955年西安郭家滩唐墓出土的东魏武定七年（549）铭文陶砚，其砚式特征也和风字砚十分相近，而且制作方法已经十分娴熟。

北宋书法家米芾在《砚史》中记有："有上圆下方，于圆纯上刊两窍置笔者，有如凤字两足者，独此甚多，所谓凤凰池也。盖以上并晋制，见于晋人图画。世俗呼为风字……"在清代著名书画家高凤翰所著《砚史》中，也有相关的记述："又参政苏文简家收唐画《唐太宗长孙后纳谏图》，宫人于玛瑙盘中托一圆头凤池砚，似晋制，头纯直微凸，如书凤字，左右纯斜刊下，不勒痕折，向顶亦然，不滞墨，其外随内势，简易其后。"这些记载说明，风字砚在晋代就已经流行，唐时已将其称为"凤字砚"。据专家考证，风字砚在唐宋流行是由古人生活习惯的改变而造成的。唐以前，人们大多席地而坐，晚唐和宋时，才逐渐采用现今的桌椅。原先放置在地上或低矮案几

辽风字形高圈足绿釉陶砚

上的砚放置到桌上后，其形状也随之改变，方便放置和手持的风字形砚逐渐流行，并在五代、宋初得到继承发展，成为当时宋砚的主流风格。

研究发现，此砚受唐宋时期中原地区风字砚的影响，又具有魏晋盛行的辟雍砚的特征。它不仅从侧面证明了墓主人的贵族身份，也是契丹文化与中原文化融合的见证，反映了契丹文人同宋代文人一样追求素雅简练的时尚特点。

三燕古都兴衰
——朝阳博物馆

    朝阳博物馆位于朝阳市三燕路2号，于1972年3月成立，隶属朝阳地区文化局。1984年10月随着朝阳地区政公署撤改置朝阳市而改今名，隶属于朝阳市文化旅游和广播电视局。博物馆总建筑面积为8900平方米，展厅面积3850平方米，占地面积1.4万平方米。馆内以朝阳地方史陈列为主，主要展示了红山文化、三燕文化、大唐文化、辽文化的主题文物。馆藏文物近万件，以商周青铜礼器，前燕、后燕和北燕时期的马具金铜饰品，大唐时期的"唐三彩"，大量的陶彩绘俑，辽代契丹民族文物，金、元、明、清瓷器和珍贵书画等各类文物为主，是一座社会科学类历史专题博物馆。

前燕金步摇饰：戴金摇之熠耀

    此金步摇饰为十六国三燕时期鲜卑民族上层贵族头戴的装饰物。整体呈灌木状，由近矩形的镂空牌座和花树状枝干及心形缀叶组成，主人戴上它走动时，金枝颤动，叶片起舞，华美精巧，令人惊叹古人细致精巧的做工、审美和隐喻的智慧。这种金制品起源于中亚，所以它也是古代丝绸之路东传的实物例证。

    金步摇，古代妇女的一种首饰，用金丝曲成花枝，缀珠玉以垂

朝阳博物馆

下，插于髻下，随步而摇动，故称为"金步摇"。

唐代白居易的《长恨歌》中写道："云鬓花颜金步摇，芙蓉帐暖度春宵。"这一句诗就是在赞杨贵妃之美。华清池沐浴归来，娇弱的杨贵妃被侍儿搀扶起，云鬓花颜是在说杨贵妃的天生丽质美姿容，而金步摇则点染了杨贵妃行动间婀娜多姿的美好情态。一位绝世的美女轻移莲步，袅袅而来，头上金步摇有韵律地微微颤动，一种古典的楚楚动人的风情油然而生。而金本就是辉煌灿烂之物，在这里也暗合了唐王宫奢华无比、杨贵妃荣宠富贵。

古典诗词中，有许多描写美人头戴步摇情态的诗词。魏晋时代，步摇已非贵族妇女之专利，民间女子也有使用，相关禁令形同具文。曹植《七启》"戴金摇之熠耀，扬翠羽之双翘"，傅玄《有女篇·艳歌行》"头安金步摇，耳系明月珰"，庾信《奉和赵王美人春日诗》"步摇钗梁动，红轮被角斜"，谢逸《蝶恋花》"拢鬓步摇青玉碾。缺样花枝，叶叶蜂儿颤"，李纲《采桑子》"步摇金翠人如玉，吹动珑璁"，侯寘《阮郎归》"云鬓玉步摇，淡妆浓态楚宫腰"，吕胜己《长相思》"体夭夭，步飘飘。绶带金泥缕绛绡，珑璁趁步摇"，史达祖《步月》"红雾绕，步摇共鬓影，吹入花围"，陈允平《木兰花慢》"新妆步摇未稳，捧心娇、乍入馆娃宫"，张抡《画堂春》"月娥来自广寒宫，步摇环佩丁东"，其中都提到了步摇。晏振之的《香罗带·秋思》套曲中也有"轻将檀板敲，谩歇柳腰，罗裙半掩金步摇"。

金步摇，因制作工艺精细、材料贵重，多见于高贵女子装扮，普通女子少用。其制作多以黄金屈曲成龙凤等形，在上面再缀以珠玉。各朝各代，花式愈来愈繁，晶莹闪耀，与钗钿等相混杂，插于发上，尽显女性娇艳之貌之态。

欣赏传统的女性美人，古代重于情态两字。容貌极美而无情态，也是庸脂俗粉，情态流露容颜之外才是真正的美人。美人气质种种，

前燕金步摇饰

行动之美，楚楚动人，才能婀娜生姿。试想，金步摇一步一颤，珠玉缠金流光，流苏长坠荡漾，充满了一种举止生动、青春可爱的美丽，动态上一个"颤"道出了其中娇媚可怜，尽显万种风情，千姿百媚。

探秘佛教艺术

——朝阳北塔博物馆

　　朝阳北塔博物馆位于辽宁省朝阳市慕容街北端的北塔广场。地上展厅中央是以大型锻铜组雕释迦牟尼涅槃像为主题的序厅，序厅内壁墙上以八塔八碑为背景，介绍了释迦牟尼一生中的八大圣迹。地下展厅"北塔珍宝展"，是北塔博物馆陈列的基本体系。"北塔珍宝展"以北塔及周围遗址出土的丰富文物，展示北塔三燕、北魏、隋、唐、辽"五世同体"的历史沧桑。展览以"朝阳清末老城沙盘"为开篇，全年展出"北塔天宫""大辽遗珍""三燕故都""北魏遗风""隋唐梵韵""盛世梵音"。

辽代器物：做工精湛，别致精巧

　　朝阳北塔博物馆馆藏有3件辽代器物，做工十分精湛。

　　辽代七宝舍利塔。该塔为方形单重檐式，塔高约1米，塔身宽半米，塔身用上万颗水晶珠为主体材料穿缀而成。这座七宝塔以水晶为主体，另有金、银、玛瑙、琥珀、珊瑚、琉璃、珍珠、玻璃、玉石、贝壳等材料。

　　辽代镏金银塔。塔为六角形三重檐式，第一层塔身六面分别錾刻释迦牟尼与密宗五方如来；第二层为与六佛对应的梵文"种子"

辽代七宝舍利塔

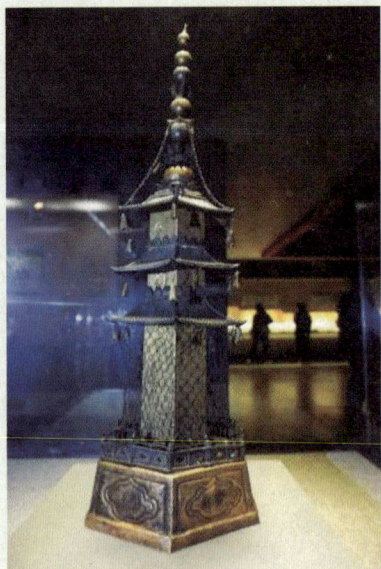

辽代镏金银塔

辽代波斯玻璃瓶

字；第三层为梵文"六字真言"。重熙十二年（1043）藏入天宫石函中。塔身内藏物品有镏金铜舍利瓶1件，瓶内藏水晶珠（影身舍利）558颗，部分表面镏金；题记铜板1件，铜板两面刻字；银经卷，分大、中、小3片，皆在银片上刻字，卷成筒形，外缚银丝。

辽代波斯玻璃瓶。这是一件完整的，由透明玻璃吹制而成，整体造型似昂首蹲坐之鸟的玻璃瓶。瓶内立一小瓶，有执柄，呈淡蓝色。此瓶造型奇特，瓶身轻薄，呈淡绿色，晶莹透明，经研究，这是产于古代波斯（今伊朗）地区的玻璃珍品。这种形制的玻璃瓶在现今世界仅存4件，其余3件均有残损，唯独现存北塔的玻璃瓶完好无损，因此被国家文物鉴定委员会鉴定为国宝级文物。

草原文化熠熠生辉
——朝阳建平县博物馆

朝阳建平县博物馆位于建平县叶柏寿街道中兴街14号，内设"红山文化展馆""建平古生物化石展馆""建平历史通展展馆""革命先驱陈镜湖纪念馆"等展馆。

辽代铜镏金透雕龙纹冠，2009年出土于建平县二十家子镇牛圈子村一座辽墓。龙纹冠口径20厘米，高25.5厘米，分内外两层：内层较高，外层为饰片。内层宝相花做底，透雕镂空8条龙，图案为二龙戏珠。外层也有二龙戏珠装饰，两龙相对，共有4条龙。整个冠身装饰共计12条金龙，而且每两条对龙中间有一个火焰珠，仔细观察，火焰正中有太极图案。其华丽的造型、精美的工艺、璀璨的色彩，显示出契丹人独特的冠饰文化。

辽代玛瑙包金凤头冠，2011年出土于建平县喀喇沁镇朱家窝铺一座辽墓。这顶凤头冠造型非常简洁，玛瑙做的十字箍，上面包金，饰有精美流畅的缠枝纹图案。引人注意的是，冠顶部铸有一只昂首挺胸、展翅欲飞的凤鸟，样貌非常逼真。

辽代铜镏金透雕龙纹冠

玛瑙包金凤头冠

古都奇石

——朝阳北票博物馆

朝阳北票博物馆位于北票市黄河路金河小区84号，有馆藏文物2000余件，其中珍贵文物416件，一般文物1620件，标本1000余件。目前设有5个展厅：北票历史文物馆、尹湛纳希纪念馆、古生物化石科普馆、中国北票翼龙化石馆、北票市精准扶贫信息管理交流中心。

金步摇冠，古代慕容鲜卑贵族男女皆可佩戴，这是迄今为止在三燕墓葬中发现的唯一一件金步摇冠。通高约26厘米，顶花高约9厘米，底座是一个空体扁球与一个由金片条构成的十字形梁架相连，似帽状。帽顶端铆接顶花6枝，每枝绕三环并各衔1叶，共存13叶。顶端下挂一矩形蝉纹金片额饰。额饰长7.1厘米，宽6.4~6.8厘米，正面是以细金丝和致密的金粟粒贴焊而成的变形蝉纹留案，整体镂空，上部嵌两个石珠作为蝉目，形象抽象逼真，十分珍贵。

青瓷龙鱼形水盂，一级文物，龙首，鱼身，鸟翅。整体呈飞鱼形，上颚翻卷，尾部高翘，犹如游鱼戏水形态，腹下垂，内空。尾和翅周边的小圆柱表示水珠，其摩羯造型是中外文化交流的见证，目前国内发现仅此一件，造型别致，美观秀丽，乃辽代瓷器的珍品，堪称北票灿烂文化代表文物。

金步摇，一级文物。是慕容鲜卑贵族男女身份和地位的象征。帽顶端铆接顶花13枝，每枝绕三环并各衔4叶，共存52叶。

金步摇冠

青瓷龙鱼形水盂

金步摇

红山文化探源

——朝阳牛河梁遗址博物馆

朝阳牛河梁遗址博物馆位于辽宁省朝阳市凌源及建平县交界处。该馆分为牛河梁遗址博物馆综合馆、第二地点（祭坛、积石冢）保护展示馆。牛河梁红山文化坛、庙、冢等遗址和珍贵玉器的发现，以确凿而丰富的考古资料证明，早在5000多年前的红山文化晚期，社会形态就已经发展到原始文明的古国阶段，为中华民族五千年的文明史提供了有力物证，对中国上古时代的社会发展史、传统文化史、思想史、宗教史、建筑史、美术史的研究都产生了重大影响。

红山女神头像，眼嵌玉石为睛，耳垂部有佩戴耳饰的穿孔。头像高为22.4厘米，面宽16.5厘米，通耳宽21厘米，眼眶长6.2厘米，两眼间距3厘米，鼻长4.5厘米，鼻宽4厘米，耳长7.5厘米，耳宽3.5厘米，嘴长8.5厘米，唇高2~2.5厘米。同此出土的手、臂、耳、乳房等其他残件表明，这是一具女性头像而非男性。

玉猪龙作为一种装饰品，墓主人生前挂在胸前，随主人长眠于积石冢内，是最具代表性的红山文化器物。王猪龙通体抛光，浑厚圆滑，造型肥首大耳，吻部平齐，身体首尾相连，呈团状蜷曲，背部有对钻圆孔，似可做饰物系绳佩挂，面部以阴刻线表现眼圈、皱纹。

牛河梁遗址第二地点一号冢21号墓出土一枚淡绿色玉器，有线

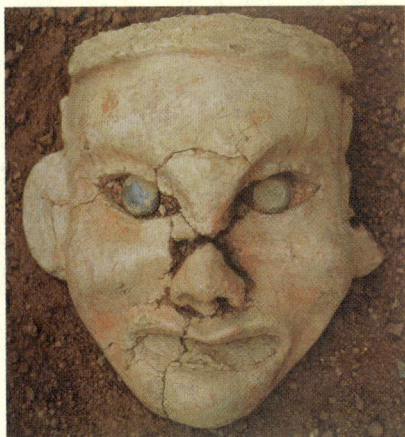

红山女神头像

玉猪龙

玉器

状白色和黑点状瑕斑，光泽圆润。内外缘都为圆形，近边对钻一小孔。直径5.7厘米、孔径2.4厘米、厚0.4厘米，出于头骨左侧，属于上斜压勾云形玉器。

朝阳牛河梁遗址博物馆

关外第一市

——葫芦岛博物馆

葫芦岛博物馆位于辽宁省葫芦岛市龙湾新区海晏北路与通海大道交会处，占地面积12337.15平方米，属地方综合性博物馆，1989年正式成立。葫芦岛博物馆基本陈列有夔纹大瓦当、空心砖、玉牙璧、绥中前卫出土的商周时期窖藏青铜兵器及辽三彩盘、黄釉葫芦形执壶、元白釉梅瓶等。截至2019年末，葫芦岛博物馆藏品数量共计1135件（套），珍贵文物352件（套）。

葫芦岛博物馆中的重要藏品大多数为本地区出土文物，其中有以青铜蟠螭纹盖壶、青铜盖豆、金柄青铜短剑为代表的建昌东大杖子战国墓地出土文物及以白釉褐彩云雁纹瓷罐、兔毫斑纹碗为代表的绥中元代沉船出水瓷器等。

战国青铜敦：跨越千年的精美实物

战国青铜敦，通高21.1厘米，口径16.4厘米，建昌东大杖子墓葬出土。由盖、器组成，盖、器均为半球形，二者相合为球状。器为子母口，口两侧各有1个环状贯耳，圜底之下加装3个钩环状足。盖为平唇、口略侈，顶部加装3个钩环状钮。此敦造型别致，通体嵌刻蟠螭纹、大三角形纹和蚕纹等纹饰，纹饰刻嵌繁缛精美。

战国青铜敦

青铜敦，盛食器和礼器。流行于春秋战国时期。由鼎、簋的形制结合发展而成。基本造型为圆腹、双环耳，三足或圈足，窄盖。器身常饰有环带纹等。

根据周代礼仪的规定，敦是专门盛黍、稷、稻、粱等粮食作物制成品的盛食具。敦的形态呈一个浑圆的球状或椭圆状。由上下两个造型完全相同的三足深腹钵扣合而成，上体为盖，倒置后也可盛食。敦产生于春秋中期，盛行于春秋晚期至战国后期，至秦代已基本消失。《周礼》中簋敦不分，宋代称敦为鼎，至清代始有学者将敦单独分出。

玉牙璧：神秘的“璇玑”

一个看似齿轮式的小物件，给后人留下了无限的猜想。

这个物件叫玉牙璧，属于商代玉器，在建昌县和尚房子乡梅家房子村出土。玉质较黄，扁平近圆形，通体磨光。外缘有3个同向旋转的宽齿，三齿基本等距，中间饰有小齿。内缘渐薄，器表有零星沁斑。

中国古代玉器中有一种基本器形为近似玉环而周缘斜出旋向相同的三个或多个齿，这种形制奇特的玉器，考古学界现称其为“牙璧”（过去多称为“璇玑”）。

“璇玑玉衡”一词出自中国古籍《尚书·舜典》：“舜让于德，弗嗣。正月上日，受终于文祖。在璇玑玉衡，以齐七政。肆类于上帝，禋于六宗，望于山川，遍于群神。辑五瑞。既月乃日，觐四岳群牧，班瑞于群后。”由于这样的记载非常简略，其含义很难理解。

从汉代起，对于璇玑看法不一，有主星象说，有主仪器说。后人也有人认为是装饰品，或是一种神器，至今未有共识。但在1977年，考古学者对河南洛阳郊县二里头遗址进行发掘。发现这种玉器出土时多在死者胸部，推断可能是一种衣饰或装饰品。也有可能是带有礼仪或宗教意义的装饰品，或者是古代女巫事神的神器，不得而知。可供今人无限猜想和不断发现，这定是文物的意趣。

玉牙璧

文博

"山海有情 天辽地宁"
文体旅融合出版

『声』临其境
听有声书，
聆听辽宁古今文化

扫码云游

『视』觉盛宴
配套视频，
在线博览辽宁魅力

『图』说辽宁
高清摄影，
带你品鉴辽宁风情